JN066771

死刑囚200人 最後の言葉

別冊宝島編集部 編

宝島
SUGOI
文庫

宝島社

イントロダクション

法の波止場

ある死刑囚にこんなのがありました。

彼は一切の宗教を否定し、彼に注がれる一切の愛情を彼自ら振り切って、何事によらず曲解し、どうせ死ぬ身だという捨鉢の気分で、死ぬ日まで所内でも凶暴性を発揮していたのです。

家族が面会に来ても、差入れが足りないと言って喚き散らし、入浴の時間が少し遅れたと言って職員に喰ってかかるといった調子です。

職員も彼には全く手の施しようがなく本当に困った存在でありました。

死刑執行の当日でした。

いよいよこれでお別れという最後の時です。

私はその男の手を握って、「貴男は決して悪い人ではありません。こうしてお別れしなければならないことを、ここの職員一同はどんなに悲しんでいるかわかりません」

とこう申しますと、彼は其の場で大声をあげて泣き出し、

「これ程の悪人をまだそんなにまで言って下さいますか。ああ、このまま死ぬのが口惜しい。せめて一日でも人間らしく見せた私を見て頂きたかった」

と初めて本心に立ち返り、そして
「自分は執行場でウンと暴れて暴れて暴れ廻して、一人位傷つけて死ぬ気でおった。それがもう今の一言で出来ません」

そう言って、実に静かな微笑を浮かべ有難う御座いましたの声涙を残して去って行きました。


（玉井策郎著『死と壁』　創元社　１９５３年）

死刑囚200人　最後の言葉——目次

第3章 彼岸

第4章 贖罪

第5章　真実

本書は、2019年8月に小社より刊行した単行本『死刑囚200人 最後の言葉』に書き下ろし原稿を加え、改訂・再編集したものです。
死刑囚の氏名は原則として犯行当時のものです（敬称略）。

本文デザイン：長久雅行
装幀：岡孝治＋森繭
カバー写真：WESTEND61／アフロ

第1章　「死刑」の基礎知識

①死刑はどこで行われるのか

全国7カ所に刑場があり、北から言うと札幌拘置支所、仙台拘置支所、東京拘置所、名古屋拘置所、大阪拘置所、広島拘置所、福岡拘置所である。これらは高等検察庁に対応しており、たとえば東京高検管内（1都10県）での事件なら東京拘置所、九州・沖縄での事件なら福岡拘置所で執行ということになる。

2019年7月現在、拘置所に収監中の「生きている死刑囚」は112人（拘置執行停止中の袴田巖さんを除く）。うち半数近い53人が東京拘置所のなかにいる。

1945年から1963年まで、東京管内の死刑執行が仙台の宮城刑務所で行われていた時期がある。いわゆる「仙台送り」と死刑囚に恐れられたこの押送は、当時刑場のあった巣鴨の東京拘置所が「スガモプリズン」として接収されたからである。

昭和の半ばごろまで、各刑場は屋外にあり、刑の執行で床板が開く「バターン！」という音響が、収容者たちの耳にも聞こえてきたというから恐ろしいが、最近は拘置所の地下など、ヘリコプターで上空から空撮しても分からないような場所に隠されている。

刑場については、半世紀以上、写真が公開されたこともなく、刑務官や一部の関係者以外、その内部を見た者はほとんどいなかった。

２００３年、新しくなった東京拘置所の刑場を国会議員が視察しているが、撮影は禁止された。その後、民主党政権時代の２０１０年に、死刑執行には反対の立場を表明してきた千葉景子法相（当時）の指示で、東京拘置所の刑場が報道陣に初めて公開され、撮影も許可された。

②戦後、何名の死刑が執行されたか

「犯罪白書」や「検察統計年報」「矯正統計年報」などを丹念に精査した労作『日本の死刑』（村野薫編著、柘植書房）などによれば、戦後の１９４６年から２０１９年７月までに死刑執行が確認されている人数は７０３人（恩赦や病死、自殺など除く）。これに「生きている死刑囚」が１１２人いるため、少なくとも８１５人が「死刑確定」したということになる。

東京拘置所の死刑執行室。
ロープは執行時以外設置されていない

近年の死刑確定、執行の推移を見ると、1977年以降、30年間は1ケタの執行（90年から92年の執行はゼロ）であったが、2008年に15名の執行があり（法務大臣は鳩山邦夫、保岡興治）、また2018年にはオウム真理教事件の死刑囚13人の死刑が執行された（年間の執行人数は15人、法務大臣は上川陽子）。

③どういう罪によって死刑となるのか

現状に即して分かりやすく言えば、成人が「2人以上の殺人」を犯すか、被害者が1人であっても、悪質かつ計画的な犯罪、具体的には強盗殺人や強姦殺人、保険金殺人、誘拐殺人となると極刑になることは珍しくない。

奈良・女児誘拐殺人事件で2006年9月に死刑確定した小林薫の場合、被害者は幼女1人であったが、犯行にわいせつ目的があったことや、本人が死刑を望む発言をして自ら控訴を取り下げたこともあり、異例の短期間で刑が確定している。

また、山口県光市で、当時18歳30日という福田孝行（現姓・大月）が母子を殺害した事件では、2006年6月、最高裁が高裁判決（無期懲役）を差し戻し、最終的に死刑判決が確定した。この事件では被害者の遺族が極めて強い処罰感情を表明していることが背景にある。

２００９年に一般市民が参加する裁判員制度がスタートしているが、その後10年間で37件の死刑判決が下されている。ただし、その後被告が控訴し、職業裁判官のみで審理される2審で死刑が破棄され無期懲役となったケースが5件あり、一般市民とプロの裁判官の判断の「ギャップ」も指摘されている。

なお現行法で、死刑になる可能性があるのは殺人罪だけではない。

厳密に言うと死刑になる可能性のある犯罪は18種あり、国家転覆計画を罰する内乱罪や、外患誘致罪、あるいは列車や船舶、航空機などの往来を妨害する罪など、大量の死者を生み出す可能性のあるクーデター系犯罪は、最高刑が「死刑」となる。これらは法理論上、死者が出なくても死刑判決が出せる。

④死刑囚の処遇と1日の生活

死刑囚にとっての受刑とは、死刑が「執行」されることである。

したがって、生きている間は懲役もなく、拘置所で、未決者と同じ待遇ということになる（請願しての作業は可能）。ただほかの死刑囚との交流は許されず、孤独な生活を強いられる。

基本は朝7時に起床。朝食（7時30分ごろ）、昼食（11時50分ごろ）、夕食（16時30分ごろ）のほかは、運動があるくらいでほかは自由だ。ビデオ鑑賞（週1回程度）や読書、再審準備や写経・点訳の作業など、それぞれの目標に向かって、ひたすら打ち込むことになる。

金銭があれば、処遇は未決者と同じなので、自分の好みの食品を指定して食べることもできる（差し入れ屋など、当局指定のルートを通す必要がある）。拘置所の食事は「かなりおいしい」との評判だが、それに加えインスタントコーヒーや菓子などの嗜好品を口にすることができる。

もちろん、所持金がなく支援者もいなければ、請願作業等で稼ぎ「領置金」をストックするしかない。

確定死刑囚との接見交通権は厳しく制限されている。親族や再審請求を支援する弁護士でなければ面会できないのはもちろん、それさえも、時間、回数ともにわずかしか許可されない。

拘置所側がいやがるのは、死刑囚が支援団体との結びつきを強めたり、生への希望を植えつけるような「交流」や「情報」がもたらされることである。

⑤死刑執行の期日はどのように決められるのか

死刑執行は、法務大臣が「執行命令書」にサインをしてから5日以内と定められており、こちらは厳格に守られている。

まず、日曜日、祝日と年末年始には執行が行われないのは昔からの慣例である。休日、祝日の執行はないと法に定められているわけではないが、実際の任務にあたる関係者は公務員なので、休日の執行は現実的にあり得ない。

最近の傾向としては、

①国会閉会中の期間
②法務大臣の交代（内閣改造）が見込まれる直前
③年末の仕事納めかその前日
④金曜日

に執行が行われることが多いとされてきた。

いずれも、死刑執行による「波紋」や「抗議」を極力かわそうとする意図が見えるが、この情報は、死刑囚にとってある意味心のよりどころとも言える。「安全日」「危険日」を知ることで、精神の不安は相当除去されるからだ。

法務省刑事局は、内々に「死刑執行起案書」を作成すると、関係各所に稟議がまわされ、最後に法務大臣のところへ届けられる。この作業には半年以上の時間が費やされるとされるが、最終的に、法務大臣のサインを求めるタイミングは、法務省の考える執行時期から逆算（執行日の5日以上前）された日時となっているはずだ。

⑥法務大臣がサインを拒否したらどうなるのか

「死刑執行」の最終決定となる「法務大臣サイン」を拒否するか、あるいはできればしたくないという意志を表明した大臣は少なくない。

近年では、浄土真宗の僧侶でもある左藤恵（1990年12月～1991年11月）が、宗教上の理由をもとにサインを拒否。また、杉浦正健（2005年10月～2006年9月）は、就任時に「サインはしません」と明言したが、1時間後に撤回した（結局、在任中にサインはしなかった）。

逆に、1990年から3年間続いた執行ゼロの「空白の時代」を終わらせたのが後藤田正晴で、1993年の死刑執行再開からは「必ず毎年執行を」が法務当局の大目標となっており、ここまでは2011年を除きそれを実現している。

法秩序維持の観点から、死刑廃止論者が法務大臣に就任するべきではない、との考えがあるなかで、死刑反対を理由に法務大臣を辞退したという話は聞かない（たとえば公明党は死刑制度に反対しているが、公明党議員が法務大臣に就任しないところをみると、組閣時に一定の考慮はあると見られる）。

杉浦元大臣が慌てて発言を「撤回」したように、個人的心情や思想上の理由でサインをしないということは許されないというのが永田町の暗黙のルールだが、もし法務大臣がサインをしなければ、当然、死刑は執行されない。

死刑執行命令書も、一度拒否されれば、そのまま次の大臣に出すというわけにはいかない。また一からチェックが始まり、新しい起案書が作られることになる。現実における死刑の執行は、非常に政治的側面を持っている。

⑦死刑確定順に執行されないのはなぜか

死刑確定後、半世紀近く生きている死刑囚もいれば、わずか1年ほどで執行された宅間守（吉岡に改姓、2004年9月大阪拘置所にて執行）のような例もある。

死刑の執行は、法律上、確定から半年以内の執行と定められているが、実際には守られていない。

確定から執行までの期間を平均すれば7年ほどになるが、長期にわたって処刑されなかった一部の死刑囚を除くと、もう少し短くなる。

それにしても、執行の順番が「ランダム」だとすれば死刑囚にしてみればたまったものではないが、いったいどのような判断で「執行」の順序が決められていくのだろうか。

そもそも、2000年ごろまで、死刑執行はおおむね「確定日順」という原則が生きていた。

もちろん、獄中40年以上でなお生きているという死刑囚もいるが、それらは冤罪の可能性を指摘されていたり、再審請求中、あるいは共犯者が逃亡中であったり、精神状態が極めて悪化していたりするなど、検察庁が死刑執行にあたって作成する「死刑執行起案書」のチェック項目に明確に引っかかる者たちばかりである。

ところが、2002年9月18日、死刑確定囚56人（当時）のうち確定順としては36番目と37番目の田本竜也（春田に改姓、98年4月確定）、浜田美輝（98年6月確定）が執行されたことで、「確定順に関係なく、誰でもあり」という方針が明確になった。

極めつけは2004年に執行された前出の宅間守である。

本人自ら「半年以内に処刑しなければ訴える」と当局を刺激したばかりか、8人の児童を惨殺した犯情も最悪で、世間からの同情・抗議は起こりようがないと判断されたのか、異例の早さで処刑された。

また、従来は再審や恩赦の請求がなされていた場合、執行は事実上回避されてきたが（例外的なケースはあった）、2017年に再審請求中の死刑囚2名が執行（法相は金田勝年）され、さらに2018年には、オウム真理教事件死刑囚13名のうち、10名が再審請求中であったにもかかわらず、死刑が執行された。一部関係者の間では、この2017年の執行はオウム死刑囚の執行時に「再審請求中でも執行の前例はある」と説明できるようにする意味合いがあったのではないかともささやかれた。

なぜこのような「確定順」「再審請求」を無視する執行が増えてきたのか。その背景には死刑判決の増加に、執行数が追いつかなくなってきた現実がある。

再審請求中の執行ができないとなると、確定から時間が経過している古株の死刑囚が軒並み再審請求等で執行を「ブロック」している以上、どうしても若い死刑囚にターゲットを絞らざるを得なくなってくる。要は「やりやすいところからどんどん執行する」という方針である。

罪を認めて反省し、精神状態も安定、なおかつ外部の者とも連絡を取らず、再審請求もしないような「模範死刑囚」ほど、命が危なくなるという逆説的状況が生まれている。

⑧確定した死刑を回避する方法はあるか

数年前までは、再審請求が死刑を回避する有効手段として機能していたが、2018年にオウム真理教事件の死刑囚13名のうち、再審請求をしていた10名が執行されたことで、「もはや再審請求は死刑回避の手段ではない」という認識が広まってきた。

「こうすれば死刑執行は絶対にない」という方法はないというのが結論だ。

戦後、死刑確定後の再審無罪事件は4例（袴田事件の袴田巌さんが5例目になる可能性が高い）あるが、一般論としては確定死刑囚の再審が認められる可能性はほとんどない。

恩赦についても同様で、戦後恩赦によって死刑から無期懲役に減刑されたケースは25例。しかし、いずれも時代が古く、最近では皆無だ。

恩赦をめぐっては、昭和天皇の崩御を前に、何人かの確定死刑囚が、控訴や上告を取り下げ、自ら死刑を確定させたということがあった。というのも、「恩赦」を受けるには、まず死刑が確定していなければそれを受ける権利がないからである。

当人にしてみれば、ワラにもすがる思いだったのだろうが、結果は裏目に出た。恩赦は一切なかったのである。

これによって、もし最高裁まで争えば、あと数年から10年は生きていられたと思われる被告が「確定順」の原則で執行され、自ら命を縮める結果となったのは皮肉であった。この例を教訓としても、もはや現在の日本で「恩赦」は期待できないと言っていい。

意地でも執行を逃れるためには、精神錯乱を装うか、再審請求を絶え間なく続け、説得力のある無実の証拠を主張し続けるかしかない。「ウルトラC」としては、これまで発覚していなかった過去の重大犯罪を自白し、新たな刑事裁判を始めさせるという手段もある。

再審請求はともかく、死刑囚の詐病や、獄中での犯罪（死刑以上の刑はないことから、罪を犯せばまた裁判で時間を稼げるとの考え）、脱獄挑戦などの例は、実はすべて過去に例がある。しかし、そのほとんどは見破られるか、むしろ執行を早める結果となっている。

⑨死刑に立ち会うのは誰か

死刑執行の立ち会い人は刑事訴訟法に定められており、検察官、検察事務官および監獄の長（拘置所長）らの立ち会いが義務付けられている。

実際に、死刑に立ち会った人の証言によれば、高等検察庁の検事と事務官、拘置所長に加え、拘置所の処遇部門の職員を中心に約10名の職員と、教誨師、医師が立ち会うことになる。

検事と事務官は刑を見守るだけだが、刑務官は、受刑者を刑場へ連行したり、首にロープをかける、床板を開けるスイッチを押すなどの作業に当たらなければならない。

また、教誨師は受刑者の信仰に合わせて選ばれ、読経や祈りの言葉を捧げるなどの役どころが待っている。医師は、最終的に刑死を確認しなければならない。刑務官には、当日朝、死刑執行の告知とともに、それぞれの役割分担が知らされる。かつては前日に予告するケースもあったということだが、情報漏れを防ぐ意味から、当日いきなり知らされるという。

前日告知がなくなったのは、執行当日、急に体調が悪くなり病欠する職員が多くなるから、という話も伝わってくるが、本当にそういうことがあるのかは分からない。実際には、死刑執行の前に刑場の施設の動作確認作業などがあり、それらの情報で「近く執行がある」と知る刑務官も少なくないという。

現在の刑場は、刑務官の呵責、プレッシャーを軽減させるシステムになっていることは確かだ。刑場の踏み板を作動させる執行ボタンが複数あるのはその象徴である。新婚であったり、妻が妊娠中、あるいは通院中の職員は担当から外され、あとは機械的に選ばれていくという。

いずれにしても、このわずか10名ほどのメンバーだけが、死刑囚の「最後」を見届けることになる。死刑囚の家族等に執行の事実を知らせるのは、刑が終わった直後である。

⑩死刑囚にはいつ執行が告知されるのか

死刑囚に執行が告知されるのは、当日の朝8時ごろである。

突然、独房の扉が開かれると、その場で死刑執行が告げられ、荷物の整理をすることも許されず、そのまま刑場に向かい、遅くとも10時には刑が執行される。なお、これは当日の執行人数が1人の場合である。

この「予告なし」のシステムは、死刑廃止論者から、日本の死刑の最も非人道的な部分として批判されている。

昭和40年代ごろまで、各拘置所は死刑囚に、たとえ明確な形でなくとも、前日、あるいは2日前に執行が迫ったことを通達していた。

死刑囚はそこから、肉親に会ったり、遺書を書いたり、死刑囚の仲間たちと語らったり、許される範囲の好きなものを食べたりして、この世との「別れ」を惜しんだのである。

ところが1975年（昭和50年）、福岡拘置所で、明日の死刑を通達した死刑囚がカミソリ自殺するという事件が起きた。拘置所の責任問題に発展したこの事件から、全国的に「当日告知」の動きが浸透していった。もちろん、ごく一握りの幹部以外、拘置所職員にも知らせない。

これによって、「恐怖の午前8時」という魔の時間帯が生まれた。

死刑囚にとっては、毎朝、この時間帯が1日の最大のヤマ場である。聞きなれない足音が聞こえたりすれば、異常な緊張が房内に走り、じっとその行き先に聞き耳を立てるのである。

ある刑務官は、たまたま別の用事で朝、独房の扉を開けたところ、ガタガタと震え、失禁している死刑囚の姿を見たと証言している。死刑の本当の修羅場は、刑場ではなく、この「告知の瞬間」にあると言うこともできる。

⑪死刑執行当日のプロセス

死刑執行の流れはおおまかに言ってこうである。

朝8時、処遇部門職員、警備隊員数名が、死刑囚の独房の扉を開け、死刑執行を告知する。

素直に覚悟を決める者、腰を抜かして立てなくなる者、暴れ、モノを投げて抵抗する者といるが、死刑囚は待ったなしで刑務官に両脇をかかえられ、刑場へ連行される。

刑場につくと、そこには読経が流れており、香の焚かれた仏間が設置されている。そこで拘置所長が、正式に死刑執行命令書の到達を受刑者に伝える。

ここで、希望があれば、遺書を書いたり、菓子、果物などを食べることもできる。また、喫煙も許される。

最後の別れが済むと、白装束に着替えさせられ、隣接する絞首台へ進む。ガラスの向こうには、拘置所長や検事をはじめ、数名の立ち会い人がいるが、すでに目かくしをされていることもあり、死刑囚からその姿は見えない。

受刑者が室内の中央部分に進むとすばやく首にロープがかけられ、準備は完了する。

その死刑囚の姿が見えないところに、5つ（拘置所によって違いがある）のボタンがついた壁がある。ここにはボタンと同じ数の刑務官がスタンバイしており、合図とともに、いっせいにそのボタンを押す。

ボタンの1つは、刑場の床板と連動しており、受刑者の体は床板の割れた大きな穴へ、吸い込まれるように落ちていく。

約15分後、ほとんどの死刑囚は絶命する。医師と検事によって死亡が確認されると、遺体は清掃され、搬出用のエレベーターで安置室へ運ばれる。

執行に携わる刑務官の仕事はここで終わる。ボタンを押す係を担った者に現金約2万円が支給され、その日の仕事はない。死刑囚1人の執行にかかる時間は1時間程度である。

遺体の引き取り手がいる場合には外部への連絡が始まり、当日午後には、執行の事実が法務省から広報される。遺族がいない場合は、法務省が火葬し、寺院などに埋葬される。

⑫絞首刑は「残虐」なのか

絞首刑を実際に見た人の証言のなかには、その壮絶な死のありさまに、度肝を抜かれるというものがある。

いわく、目、舌は飛び出し、頸動脈が切れることによって、口、鼻から血と吐瀉物が流れ出す。糞尿は垂れ流しになり、正視に堪えかねる修羅場がそこにあると言われている。

もし、人間が絞首刑にされると必ずそうなるのであるならば、みだりに公開などできない「見た目の残酷さ」は事実と思われるが、果たして、本当のところは分からない。

かつて、絞首刑は憲法第36条が定める「残虐な刑の禁止」に違反しているのではないか、と戦った死刑囚がいた。洋服商殺しで1955年に死刑が確定した孫斗八である。

孫は自ら執行場の実地検証をするという離れ業をやってのけ、3度にわたり大阪拘置所の刑場ロープなどを手に取って調べた。

しかし、その違憲訴訟でも敗訴し、孫はその刑場で処刑されている。

また、1994年12月に死刑執行された小山（安島に改姓）幸雄の場合、遺体を引き取った養父が、火葬する前に、法医学教室の協力を得て徹底的な検証を加えたという実例がある。

それによれば、遺体は麻縄ではなく、表面が滑らかなロープで気道を塞がれた痕があり、一気に記憶が消失し縊死した可能性が高いという。

何をもって残酷とするかは意見の分かれるところだが、それ以前に、死刑が残酷かどうか、一般人が判断する材料を持っていないというのが実情である。

⑬死刑をめぐる世論と政治状況

世界的な「死刑廃止」の流れのなかで、日本はいまも死刑制度を存置しているが、その背景には世論の高い支持がある。

内閣府が5年ごとに発表している死刑制度に関する世論調査（2019年調査分）によれば、「死刑もやむをえない」と考える容認派が80・8％と圧倒的多数で、「死刑を廃止すべき」（9・0％）「分からない」（10・2％）を大幅に上回った。

存廃論議そのものは活発に行われているが、凶悪事件の多発に伴い、被害者感情を前面に出す死刑肯定派に、反対派が拮抗できているとは言いがたい状況にある。

死刑と無期懲役の差が大きすぎることから、「終身刑」の導入が議論・検討されているが、そこでも、「死刑とどちらが残虐か」「費用増をどうするか」「遺族の感情はどうなるのか」といった新しい問題が提起され、国民の多数に支持されるまでには至っていない。

50名以上の確定死刑囚が収容されている東京拘置所

第2章　旅路

File 1

小平義雄

小平事件（1946年）

死刑確定　1948年11月16日
死刑執行　1949年10月5日（享年45）

戦中を駆け抜けた稀代の連続暴行魔

小平義雄は、戦前から戦後の混乱期に10件もの強姦殺人を犯した。小平の獣性をそこまで野放図にさせたのは、軍隊での体験と言われている。

1920年代の山東出兵などに参加した小平は、中国の戦地で日常的に強姦、殺人を行い、しかもまったく罰せられないという異常な生活に酔いしれた。その感覚を、そのまま日本に持ち帰ってしまったのがこの男である。

1946年8月17日、東京・芝の増上寺の裏山で、若い女性の2遺体が発見された。うち1人はすでに白骨化していた。

女性の身元が判明し、彼女の日記から、進駐軍の洗濯工場に勤務する小平義雄（42

歳）が捜査線上に浮上した。小平と女性は7月に知り合ったことが日記に残されていた。

警察が小平の居場所を突き止め、事情を聴取すると、小平は2人の女性の強姦・殺害をいともあっさりと自供した。

小平の手口は、「米がある」「仕事がある」と若い女性に声をかけることだった。この2人の女性にも、「進駐軍の仕事を斡旋する」と言って声をかけ、品川駅で合流。このあとは、小平が戦時中やっていたことと同じだった。暴行して、絞殺する。その繰り返しである。

取り調べの刑事を驚かせたのは、この2件にとどまらず、小平が自身の殺人歴を次々と披露し始めたことだった。

最初の殺人は、戦前の1932年。見合い結婚した妻が4カ月で実家に逃げ帰ったのに激怒し、実家におしかけ妻の父を撲殺。懲役15年の判決を受けて

刑事の取り調べに対し、自ら嬉々として「犯罪」を語った

いる。

しかし恩赦によって1940年に仮出所。1944年に再婚するが、また殺人が始まるのである。

1945年5月、20歳の挺身隊員を強姦・殺害したのを皮切りに、戦中戦後の混乱に乗じて、1年あまりの間に関東一円で15歳から31歳の女性10人を強姦し殺害した。

「女たちは、米があると言えばみんなついてきました」

と、小平は得意そうに煙草をふかしながら刑事に語った。戦後の食糧難の時代、安く食糧が手に入る、仕事があるという甘言を、ほとんどの女性が信じてしまったのだった。

「知り合いの農家に行けばイモが買える」

東京でこう声をかけ、栃木県まで女性と一緒におもむいて殺害するのが小平の得意パターンであった。

言い残すことは何もありません

結局、10件の殺害のうち2件は不起訴となったが、本人の自白もあり1947年6

月18日、東京地裁で死刑判決。1948年11月16日に死刑が確定すると、さっそく小平は刑場のある「仙台刑務所」に送られた。

「戦争の時はわしよりむごいことをした連中を知っていますが、平和な時にわしほどひどいことをした者はいないと思います。まったく人間のすることじゃありません」

「首を絞めて失神させ、陰部を見ながら、まさに関係しようとする瞬間がなんとも言えない。日本刀で後ろから首を切られてもかまいません。そんなによいのです」

という小平の言葉が残っている。しかし、次に絞められるのは自分自身の首であった。死を前にして、小平が動揺したりする様子はまったくなかったという。1949年10月5日、午前9時過ぎ、いよいよ処刑場の扉が開かれた。

「言い残すことは何もありません」

小平は「ひかり」の煙を吸い込むと、淡々とそう話し、刑場の露と消えた。

小平義雄の言葉

「亡きみ霊　赦し給へし過去の罪　今日の死を待ち深く果てなん」

File 2

帝銀事件（1948年）

平沢貞通

死刑確定
1955年5月7日
死刑執行
1987年5月10日病死（享年95）

生きて死刑制度の矛盾を描いた「獄中画家」

「確定後半年以内」の死刑執行を法が定めていながら、30年以上も生死の狭間に揺れ続けた男が「帝銀事件」の平沢貞通である。

結局、平沢の首に縄がかけられることはなく、1987年に八王子の医療刑務所で95年の生涯を閉じた。この平沢の人生の終わり方は、生と死の間で壮絶な綱引きを繰り広げた法務当局と平沢の「着地点」を見事に象徴している。

1948年1月26日、東京・豊島区の帝国銀行椎名町支店に、厚生省の職員を名乗る男が現れた。

対応した支店長代理に、男はこのように話した。

「付近で集団赤痢が発生している。GHQから予防薬を貰っているので、すぐに行員に飲ませてほしい」

行員とその家族16人の前で、男は薬の飲み方を「実演」して見せた。16人がそのとおり2種類の薬を飲むと、すぐさま行員に異変が起きた。薬は青酸化合物だった。

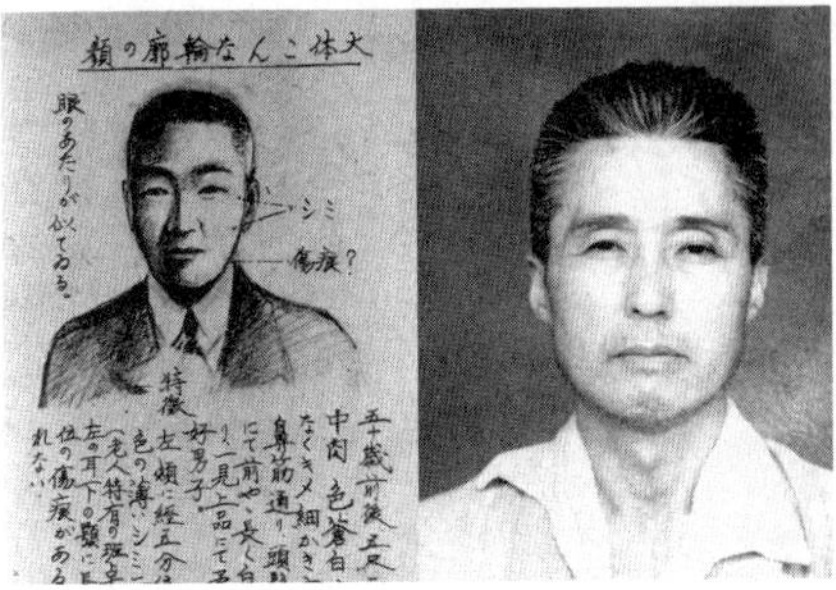

犯人の似顔絵と逮捕時の平沢。
獄中で絵を描き続け、驚異的な生命力で生き抜いた

男は、支店長代理に渡した名刺を回収するとともに、銀行内の現金と小切手、合わせて18万円あまりを奪って逃走。毒物を飲んだ16人のうち、12人が死亡した。

事件発覚後、この3カ月の間に、やはり「厚生技官」を名乗る男が安田銀行、三井銀行に出没し、薬を飲ませようとした毒殺未遂事件が起きていたことが判明した。警視庁は合同捜査本部を設置し、遺留品等から犯人を絞り込むが、捜査は難航する。

事件発生から7カ月後、意外な場所で意外な人物が逮捕された。小樽の親類の家にいたテンペラ画家、平沢貞通（56歳）である。

事件直後に平沢が8万円を入金していたことや、目撃証言などから警視庁は厳しい取り調べを行い、とうとう平沢に犯行を「自白」させた。まだ旧刑事訴訟法の時代、犯人の「自白」が無条件に証拠となったことは、平沢の立場を決定的に悪くした。公判に入り、平沢は無実を主張したが、1955年5月7日、平沢の死刑が確定する。

だが、事件に不可解な点が多く、また人気作家の松本清張が「真犯人は731部隊の元隊員」という説を発表して話題になるなど、冤罪事件としての「帝銀事件」というイメージは強まっていった。

「仙台送り」になるも土壇場で執行を回避

再審請求を開始した平沢に死の影が忍び寄ったのは1962年のことである。

当時、死刑囚が東京拘置所から仙台刑務所へ押送されれば、それは1週間もしないうちに「バタンコ」(執行)がやってくることを意味したが、当局が平沢を「仙台送りにする」という噂がしきりに流れ始めたのである。

1962年11月24日早朝、法務省は秘密裏に平沢を仙台刑務所に押送した。しかし、その動きを察知した支援団体が即座に死刑阻止の嘆願書を書き、新聞を使って世論を盛り上げたことで、法務大臣がサインしにくい状況作りに成功。危機一髪で平沢の首の皮はつながった。

獄中で、平沢は絵を描き続けた。あるとき担当看守と口論し絵筆を取り上げられてしまった平沢は「弁護士を呼んでください。本省に問い合わせて頂きましょう。絵を描くことだけが私の生き甲斐です。私に死ねとおっしゃるのですか」と抗弁したという。

高齢となった平沢は、それでも再審請求を続け、その数何と18回。何度か恩赦の可能性もささやかれたが、それは最後まで法務省に却下された。

１９８７年5月10日、平沢は95歳で死去した。逮捕から39年、ついにシャバの土を踏むことはできなかったが、天寿をまっとうしたその人生が死刑制度に投げかける意味はいまなお重い。

平沢貞通の言葉

「ゆるぎなき　かたき覚悟や暴風雨」

File 3

竹内景助

三鷹事件(1949年)

死刑確定
1955年6月22日
死刑執行
1967年1月18日病死(享年42)

「国鉄3大事件」の黒い霧

戦後最大のリドル・ストーリーとも言われる「下山事件」のわずか10日後、またしても起きた鉄道事故がこの「三鷹事件」である。三鷹事件の1カ月後に起きた「松川事件」を合わせた3つの列車事故は、この当時の労働紛争をバックとした暗闘の表出として理解されている。

下山定則国鉄総裁が謎の轢死体で見つかった10日後のこと。1949年7月15日午後9時23分ごろ、国鉄中央線三鷹駅構内の電車引き込み線から、無人の列車(7両編成)が突如暴走し、改札口を越えて民家に突入。6人が死亡し、20人が重軽傷を負った。

先立って12日、国鉄は第2次人員整理6万3000人を通告。それに対しこの日、国鉄中央闘争委員会は「実力行使」の闘いを宣言したばかりのできごとだった。

事件発生後、吉田茂首相は「共産主義者の扇動によるものだ」との談話を発表。検察も、共産党員の共同謀議による計画的犯罪と見て、三鷹電車区の竹内景助（28歳）を含む11人を逮捕した（うち1人は釈放）。竹内以外は全員共産党員で、竹内は共産党シンパだった。

逮捕された竹内は、否認、単独犯行、共犯と目まぐるしく供述を変えたが、1審判決は、共同謀議を「空中楼閣」と形容し、竹内の単独犯行と断定。9人に無罪を言い渡し、竹内のみ無期懲役の判決を受けた。

竹内は控訴したが、2審はさらに重い死刑。上告し、ここからは一貫して「全面否認」に転じた竹内だったが、最高裁は8対7の僅差で高裁判決を支持、竹内の死刑が確定した。

公判において竹内の主張が二転三転したのは「共産党員の罪を1人でかぶろうとした結果、最悪の死刑となってしまった」と解釈されることが多い。

後に、竹内は雑誌『文藝春秋』に「おいしいものから食べなさい」という手記を寄せており、そのなかで、「単独犯行を認めたのは罪をかぶったからだ。たとえ他人の罪をかぶって懲役刑を食らっても、いつか出所できて理想の政府ができるならいい」と説明した。

ところが竹内にとって誤算だったのは、自身の刑が懲役刑ではなく死刑だったことだ。

精神に異常をきたし42歳で病死

東京拘置所（巣鴨）時代の竹内の様子は、かなり荒れたものだったらしい。「三鷹事件の竹内景助は、巣鴨の監房を真っ裸で踊りまくり、頭を壁にぶっつけ、『革命だ』『共産党の天下だ』とわめき散らしていた」（合田士郎『そして、死刑は執行された』）

自分が罪をかぶった仲間たちは、いまや知らん顔で、このままではどうしても浮かばれない――思い詰めた竹内は精神を病むようになっていったらしい。

死刑確定後、再審請求を続けていた竹内だったが、しきりに頭痛を訴えるようになった。脳腫瘍の疑いがあったにもかかわらず、本格的な治療は受けられず、竹内は1967年1月18日、東京拘置所内で病死する。そして、謎のままだった三鷹事件の真相も、闇に葬られた。

拘置所で一緒だった前出の合田士郎はこうも振り返る。

「(竹内は)『俺が本当のことを言えば共産党は壊滅する』だの『その共産党に騙され裏切られ、全員無罪で俺一人だけ背負わされた』のと喚いた。

俺たちは黙って聞くよりなかったが、本人は相当に荒れていて、よく担当の看守に食ってかかったり暴行を働いて懲罰房行きの常習者だった。房の鉄扉を蹴っ飛ばしたりするのは普通で、コンクリートの獄壁に頭突きして、血みどろになっていることもよくあった。

さすがに組合運動の闘士だと感心させられるところもあったが、『お前らのような凶悪犯と一緒にするな』、政治犯は別格だと言う竹内の態度には反感を持った」(『続そして、死刑は執行された』)

竹内景助の言葉

「俺は弱い人間だから、すぐに人を信用してしまう。結局、党に死刑にされたようなものだ」

File 4

菊地 正

栃木雑貨商一家殺害事件（1953年）

死刑確定
1955年6月28日
死刑執行
1955年11月22日（享年31）

歴史に残る史上最大の脱獄劇

1953年3月、栃木県で一家4人を殺害した菊地正は、1955年11月、犯行からわずか2年半後という極めて速いスピードで死刑執行された。その大きな理由は、菊地が脱獄を試み、成功させたからである。

1953年3月17日、栃木県市羽村に住む雑貨商一家3人と使用人が、何者かによって惨殺された。金品が物色されたうえ、女主人と使用人は強姦された形跡があり、当初体液は2種類と判定された。

捜査本部は複数人の犯行と見て容疑者を絞り込んだが、接点のある容疑者は浮上しない。迷宮入りもささやかれ始めた2カ月後、意外な男が逮捕された。現場からすぐ近くに住む菊地正（23歳）である。

菊地は事件前日に婚約しており、本人も捜査に協力していただけに、周囲は驚きに包まれた。決め手となったのは、東京で働く菊地の妹が、被害者の腕時計をつけていたことだった。

脱走後、菊地が向かった母が住む実家

運動神経はバツグンだったという菊地

菊地は犯行を認めた。母思いの息子として評判だった菊地は、結婚資金に加え、母がかかった難病を治すための資金を奪う目的で、一家を襲ったのだった。複数犯を物語る物証の矛盾も、菊地の自供により単独犯と認定された。

1審、2審で死刑判決が出たとき、獄中の菊地に兄から手紙が届く。

「お前のおかげで母親がいじめられ、たいへん苦しんでいる」

いてもたってもいられなくなった母思いの菊地は「脱獄」を決意する。

兄から、背表紙に金ノコを隠した本を差し入れてもらった菊地は、静かに出窓の鉄格子に切れ目を入れた。

「助けてくれよ、おかやん」

1955年5月11日夜、菊地は布団に人が寝ているような膨らみを残したまま、そっと窓から外に出た。そして、夜の東北本線で宇都宮へ向かう。

「御詫の申し上げようもありませんが暫日の命を許してください」

拘置所看守が、菊地の房に残されたメモに気づいたのは、翌朝のことだった。当局の威信をかけた「菊地狩り」が始まった。行き先は分かっていた。菊地の実家である。

脱獄から11日目、ついに菊地が実家に現れた。食料もなく、力尽きてよろよろと歩く男はあっという間に張り込んでいた署員に捕まるが、菊地は最後の力を振り絞ってこう叫んだ。

「頼む、ひと目でいいからおふくろに会わせてくれ！」

刑事はこの願いを聞き入れ、大勢の警察官と報道記者が見守るなか、菊地と母は涙の対面を果たした。

「もういいだろう」

数分後、引き剥がされるように菊地の両脇はかかえられ、それが、母と息子の最後の対面になった。

東京拘置所に戻された菊地は、脱獄1カ月後の1955年6月、早くも死刑が確定する。そして同年11月21日、仙台刑務所へ押送された。

菊地の脱獄問題は拘置所長のクビを飛ばした。脱獄という挑戦に対する法務省の答えが、この「スピード執行」であった。

大塚公子『死刑囚の最後の瞬間』（角川文庫）によれば、執行当日の菊地は落ち着いていたようだ。ただ、死刑台で目かくしをされ、首にロープをかけられたとき、菊地の口から漏れた最後の言葉はこうだったという。

「おかやん、おかやん、助けてくれよ、おかやん」

菊地 正の言葉

「おふくろ、元気でいてくれ！」

File 5

正田昭

バー・メッカ事件（1953年）

死刑確定
1963年1月25日
死刑執行
1969年12月9日（享年40）

「アプレゲール青年」と呼ばれた男

戦後、10代から20代の青少年によるモラルなき犯罪が多発し、人はそれを退廃のニュアンスを込めて「アプレゲール犯罪」と呼んだ。このバー・メッカ事件の主人公、正田昭も、「アプレ青年」と呼ばれた1人である。

1953年7月27日、東京・新橋駅近くのバー「メッカ」の天井から、赤い液体がポタポタと落ちるのを、ホステスが発見した。

「血じゃないの⁉」

果たして天井裏から出てきたのは、毛布にくるまれた証券ブローカーの遺体だった。

警察は当日、無断欠勤した19歳のボーイが事情を知っているものと見て捜索。間もなくボーイは自首し、その知人も逮捕された。

慶大卒、美青年の正田は話題を集めた。
獄中でキリスト教に入信、信仰に生きた

捜査本部はボーイらの供述から、元慶応大学生の正田昭（24歳）を主犯と断定し、全国に指名手配した。

事件発生から78日目、正田は京都に潜伏しているところを逮捕された。恋人の母から預かった株券を処分してしまい、その金を補填すべく犯行に及んだと自供した。

慶応大卒のエリート美青年の犯行に世間は驚いたが、犯行から3年、1審判決が出るころには、キリスト教に入信し「小肥りの青年」（加賀乙彦『死刑囚の記録』）となっていた。

正田の上告趣意書にはこうある。

「私は、進んで破滅を求めたのです。私にとっては、もはや破滅だけが長い間ひとびとの視線の向こう側に絶望して蹲っている本当の自分を取り戻す、たった一つの避け難い方法でございました。故に又、相手がHさん（被害者）でなければならぬいわれは、全くなかったのです」

正田は『サハラの水』という小説を発表する一方、同年齢で東京拘置所の精神科医官であった小木貞孝（作家の加賀乙彦）と信頼関係を築き、のちに加賀の小説『宣告』が誕生することになる。

「死はやはり不意にやってきました」

死刑確定直後の日記にはこうある。

「埒もない夢から解き放たれて、受け入れ難い現実に身を置く朝、願ってもやまない平和が、たしかに此の独房にある。

死刑確定、僕は心労の余り、きのうの午後から寝てしまった。今日も寝ていたい。明日も明後日も永久に寝ていたい。

でも、僕は今朝再び愛が内に生の情熱をかき立て、今机に向かいつつある。正直言って少々なさけない気持だ。

僕は、自分のためにはまだ泣かない。しかし、人々の不和、偽りの愛のためには泣きたい気持だ」（1963年2月8日）

その後、正田は福音書の文語訳に取り組み、かつて世俗にまみれたアプレゲール青年は、神と愛に思いを馳せる「獄中の信仰者」に生まれ変わっていた。

死刑執行の前日、正田は加賀に心境を綴った手紙を出している。

「とうとう最後の日が明日と告げられました。先生いろいろありがとうございました。もっと多くの事柄について、先生と語り合い、教えていただきたいと思っていましたのに、死はやはり不意にやって来ました。この死について、よくみつめ、よく考え、祈りながら私は〈あちら〉へゆきたいと思っています。母と私のためにお祈り下さい。では先生、さようなら」

女手一つで育てられた正田が、最後まで心にかけていたのは母のことであった。

正田 昭の言葉

「小木先生によろしくお伝えください。アーメン」

File 6
李　珍宇
小松川女子高生殺人事件（1958年）

死刑確定
1961年8月17日
死刑執行
1962年11月26日（享年22）

「犯人からの電話」に新聞社騒然

「屋上に遺体がある。横穴の中だ」

読売新聞社に若い男の声で電話がかかってきたのは、1958年8月20日のことである。

その予告のとおり、翌日、東京・江戸川区の小松川高校屋上で、行方が分からなくなっていた定時制2年の女子生徒（16歳）の遺体が発見された。

さらに、被害者の遺品のクシや鏡が、捜査一課や被害者の家に郵送されるという挑発が続く。

犯人を名乗る男から、再び読売新聞社に電話がかかってきた。すでに待機していた警察は、その一問一答を録音する。

「これが二度目の完全犯罪だ」

「俺1人でやった。殺したのは屋上の時計台」

「いまどこにいるかって？　小岩署の電話ボックスの前だ」

犯人は30分近く話し続け、一方的に電話を切った。刑事が現場へ急行したが、間一髪男は去ったあとだった。

日本の同胞や韓国から数万人の助命嘆願書が寄せられた。獄中ではカトリックに入信し、いつも母のことを気にかけていたという

だが、そのやりとりの録音がラジオ等で公開されると、世間はその異様な愉快犯の声に色めき立ち、犯人に関する情報はすぐに寄せられた。

事件から10日後、逮捕されたのは同じ高校に通う18歳の少年、李珍宇だった。

李は、その年4月にも、もう1件の強姦殺人事件を起こしていたことを自供。電話の内容がウソではなかったことが分かった。李はこの殺人の後、読売新聞社の短編小説募集に「悪い奴」と題する小説を応募していたが、その内容はこの殺しをトレースしたものであった。

李は不幸な生い立ちだった。一家は朝鮮人部落で貧困にあえぎ、酒乱の父は部落のなかでも差別されるという苦しみを味わっていた。李は文学に通じた頭脳明晰な生徒だったが、就職時にも差別を受け、どこへも就職できず在日朝鮮人の悲哀を味わっていた。

貧困と差別の果ての結末

犯行時18歳ということと、この恵まれぬ生い立ちから、助命嘆願運動が巻き起こったが、少年法の適用外という判断で、1961年8月17日、李の死刑が確定した。

李は、それでも若者らしく、獄中ではよく請願作業に精を出した。キリスト教に入信し、自分の生い立ちについてはこう語った。

「学校行くのが辛くてなあ、皆弁当持って来るけど僕はいつも弁当なし。皆が美味しそうに弁当食ってるのを横目に見ながら、涙こらえてがまんしてたんだ……」

「給食になった時は嬉しかった、本当に。だけど、金子君（李の日本名）、給食代払わずに給食を食べてるって言われて……、悔しくて、惨めでなあ……」（合田士郎『続　そして、死刑は執行された』）

身長180センチある李にとって「飢え」は相当みじめなものだったらしい。

李は、夜の消灯時間になると、「お母さーん」と泣いた。

李が残した貴重な記録は、弁護人の朴壽南との間の書簡集『李珍宇全書簡集』（新人物往来社）である。

1962年8月、いよいよ執行を意味する仙台刑務所に押送されるころ、このように書き綴っている。

「私がそれをしたのだった。それを思う私がそれをした私なのである。それなのに、彼女たちは私に殺されたのだ、という思いが、どうしてこのようにヴェールを通してしか感じられないのだろうか」

手紙は、死の前日まで書き綴り、そこには死への恐怖は感じられない。おそらく「まさか」というお迎えであったのだろう。執行は同年11月26日。22年の短き人生であった。

李 珍宇の言葉

「私はこの残された生をきちがいのように愛している！」

File 7

奥西 勝

名張毒ぶどう酒事件(1961年)

死刑確定
1972年6月15日
死刑執行
2015年10月4日病死(享年89)

半世紀を獄中で過ごした男

名張毒ぶどう酒事件は、1審無罪から最高裁で死刑になった経緯に加え、物証をめぐり半世紀以上にわたって論争が続いた、「第2の帝銀事件」とも言われる事件である。一度は無罪判決を受け、その後死刑が確定した奥西勝は2015年、肺炎のため八王子医療刑務所で死去した。89歳だった。生前、9度にわたる再審請求を行った奥西であったが、死刑囚として刑の執行を受けることなくこの世を去っている。

事件は、古きよき田舎を絵に描いたような農村で起きた。

1961年3月28日夜、三重県名張市葛尾の公民館で、年度末の会計報告を兼ねた集落の親睦会が開かれていた。

男性に日本酒、女性にぶどう酒がふるまわれると、乾杯の音頭とともに参加者がグラスの酒を空けた。すると数分後、ぶどう酒を飲んだ女性たちが次々と苦しみだし、5人が死亡、12人が病院送りになるという惨劇に発展する。

ぶどう酒に混入していたのは猛毒の農薬「ニッカリンT」であった。

4月2日、逮捕されたのは同じ村に住む奥西勝（34歳）だった。奥西は、同じ村の女性との浮気により妻との関係が悪化したことを機に、三角関係の解消を計画したといったん自供した（妻と浮気相手の女性はいずれも死亡）。

しかし、その後は犯行を否認。最初の供述は「自白すれば家に帰してやる」と警察に強要されたと主張した。物証はなく、1審では無罪。ここでは、死亡した妻の無理心中説を唱える人が多かった。

しかし、名古屋高裁は一転、奥西に死刑判決を下し、結局、最高裁もそれを追認して「逆転死刑」が

村でも「色男」として女性に人気があった奥西

確定した。

再審決定もすぐに取り消し

事件で焦点となったのは、自白の信憑性である。

ぶどう酒のびんに毒薬を入れるとき、「王冠を歯で開けた」とする自白があったものの、実際に歯で開けると王冠が折れ曲がることはないのに、実際は大きく折れ曲がっていた。

また、川底に捨てた農薬ビン（4分の3が残っていた）がどうしても見つからないことなど、事実認定の矛盾は解消されなかった。2004年には、事件に使われた農薬が、奥西の所持していた「ニッカリンT」とは違う農薬であった可能性があるとする鑑定結果が弁護団から提出されている。

奥西は獄中から再審請求を続けたが、2005年4月5日、ついに名古屋高裁（第1刑事部）は死刑確定から32年目にして再審を開始する決定をした。

「戦後5例目の死刑確定後再審無罪」に光が差した瞬間だったが、同年12月、名古屋高裁（第2刑事部）は検察からの異議申し立てを認め、再審は取り消されてしまう。

弁護側の特別抗告を受け、最高裁は高裁決定を破棄し審理を差し戻したが、高裁は再び再審開始の取り消しを決定。最終的に最高裁がこの決定を支持したため、奥西の再審は実現しなかった。

もつれた判決は、地域社会を分断した。著名なジャーナリストや映画監督が、奥西の冤罪を支持したことは「真犯人は村のなかにいた」とする主張と同義であり、このことは残された名張の集落の住民たちの反発を招いた。メディアが狭い村社会の奔放な性的関係をことさら大きくクローズアップしたことも、事件の真相を覆い隠す結果につながったとの指摘もある。

奥西の死後、妹が再審請求を申し立てたが、2017年に名古屋高裁によって棄却されている。奥西の遺品のなかから見つかったノートにはこのように書かれていた。

「真実を叫んでも信じてもらえぬ」

奥西 勝の言葉

「死刑制度には反対しない。私はやっていないから、恩赦は求めない」

File 8

吉展ちゃん誘拐殺人事件（1963年）

小原 保

死刑確定
1967年10月13日
死刑執行
1971年12月23日（享年38）

アリバイ崩した「鬼の八兵衛」

1963年に起きた大きな事件に、埼玉県狭山市の女子高生殺害事件、いわゆる「狭山事件」がある。

被差別部落の青年・石川一雄さんが逮捕され、いっときは死刑判決を受けた（後に無期懲役判決が確定）この事件は、各方面から「完全な冤罪、警察のでっち上げ捜査だった」と指摘されている。この狭山事件の「前段」として語られるのが、「吉展ちゃん誘拐殺人事件」である。

この吉展ちゃん事件で、警察はみすみす犯人を取り逃し、世間から大きな批判を浴びていた。「もう失敗は許されない」という重圧が、狭山事件の悲劇を誘発したと信じ

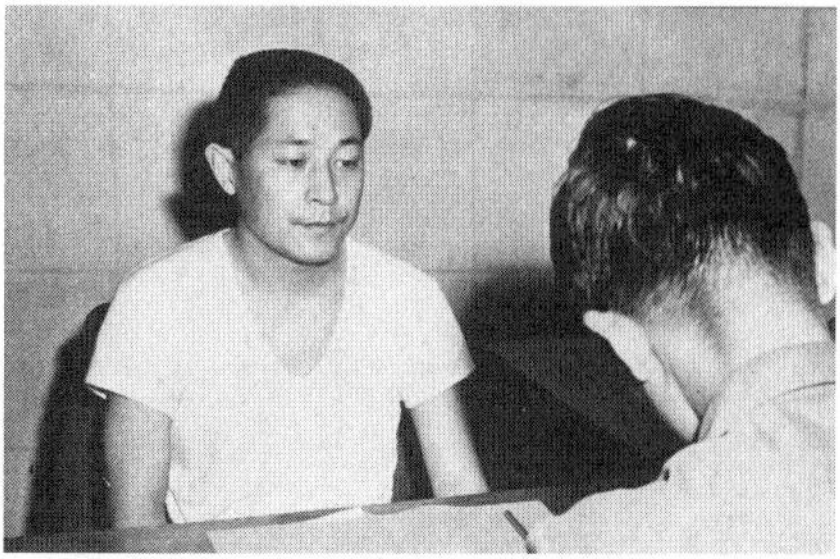

小原はなかなか「落ちない」男だった。平塚刑事は最後、小原の血と髪が壁に残るほど激しい追及をしたという

る人は多い。

1963年3月31日、台東区の入谷南公園で遊んでいた村越吉展ちゃん（4歳）が行方不明となった。

2日後、犯人を名乗る男から身代金を要求する電話がかかるようになる。4月7日、男は具体的な指示を出した。

「『品川自動車』に止めた車の荷台に金を置け。警察には言うな。子供は1時間後に返す」

しかし、ここで警察のミスが出る。

現場に警官を配備する前に、本物の現金50万円を持参した吉展ちゃんの母が到着してしまったのである。

犯人はすぐに金を取って逃走した。警察が駆けつけたのはわずかその3分後のことであった。この致命的な失態により、捜査は大きく後退する。

しかし、チャンスはまだあった。犯人との電話のやりとりの録音が公開されると、「似ている男がいる」との情報が寄せられた。その中に入っていたのが、時計修理工の小原保（30歳）だった。

警察は小原を取り調べたが、その時期、故郷の福島に帰っていたというアリバイや、足が悪く片足を引きずっていた小原が、すばしこく金を奪うとは考えにくかったことから、このとき捜査本部は小原を「シロ」と判断する。

墓石の下に埋められていた遺体

事件発生から2年が経過し、警視庁は、鬼刑事・平塚八兵衛を投入。先入観にとらわれず、一から捜査をやり直す作戦を立てた。

平塚は小原を本ボシと睨んだ。帰省したという実家まで足を運び、母に会って小原のアリバイと人間性を確かめた。

改めて取り調べに当たった平塚に対し、別の窃盗事件で服役していた小原はついに「4月3日東京で火事を見た」と口を滑らす。実際の火事はその前日のことで、アリバイが崩れ始めたのだった。

やはり、犯人はこの男だった。吉展ちゃんは、荒川区の円通寺の墓石の下に眠っていた。公判で小原は、殺人の計画性を否認したが、１９６７年10月13日、死刑が確定した。

獄中の小原は、一時期荒れ狂い、教誨師の言葉も頑として受け入れようとはしなかった。しかし、勧められた短歌の創作に目覚めると、一転、それまでの邪気が消えうせ、エネルギーは美しい歌に昇華した。

死刑執行の前日の歌。

「明日の日をひたすら前に打ちつづく　鼓動を胸に聞きつつ眠る」

小原は、短歌を詠む際「福島誠一」という名を使った。生まれ変わるときには、この名で——という願いを込めてである。

絞首台を前にした辞世の句。

「世をあとにいま逝くわれに花びらを　降らすか窓の若き琵琶の樹」

小原の処刑を聞いた平塚刑事はそっと1人、小原の実家の墓に足を運んだという。

小原 保の言葉

「平塚刑事さんに、小原は真人間になって死んでゆきました。戴いたナスの漬物、美味しかったです、と伝えてください」

File 9

西口彰事件（1963年）

西口　彰

死刑確定
1966年8月15日
死刑執行
1970年12月11日（享年44）

小説を超えた「悪の金メダル」

作家・佐木隆三の直木賞受賞作『復讐するは我にあり』のモデルとなった昭和の殺人事件として知られるのが、1963年から翌年にかけて5人が殺害された「西口彰事件」である。

西口彰は、1963年10月18日、福岡市近郊で専売公社の集金車を襲った。そして集金人（58歳）と運転手（38歳）を殺害、現金27万円を奪ったが、目撃者の証言や前科から翌日には早々と名前が判明。彼はその日の夕刊で自分の全国指名手配を知ることとなった。

しかし西口は、警察の裏をかくつもりで九州から動かなかった。佐賀県唐津の競艇場で遊び、岡山から高松へ向かったのはレースで21万円稼いだ4日後の22日である。

国立大学のバッジと専門書を買い揃えて大学教授になりすました西口は、ひとまず岡山へ向かう。そして宇高連絡船からの投身自殺を偽装してみるがこれは失敗。そのあと浜松へ行き、ここで貸席の女将（41歳）と親しくなった西口は、教授としてしばらく逗留。が、長逗留は身の危険といったん広島へUターン。詐欺で手に入れた8万円を使い果たすと再び浜松に舞い戻って、その4日後の11月18日、女将とその母（61歳）を殺して15万円を奪った。

その後、千葉に飛んだ西口は、12月3日に弁護士名簿を盗み、2日後には福島県常磐市（現・いわき市）で弁護士バッジを入手。それ以降は弁護士を名乗って北海道、東京、栃木をめぐるのだが、再び東京に戻った同月20日には豊島区雑司が谷の弁護士（81歳）宅を訪れ、殺害のうえ、現金4万円と弁護士バッジなどを奪って名古屋へ逃走、年の瀬を迎えた。

この間、西口はただ単に逃げ回っていただけではない。大学教授や弁護士という触れ込みで、行く先々で女性と深い関係となり、取り付け詐欺や籠抜け詐欺をはたらいているのだが、その額は殺人をおかして手に入れた額よりも時として大きかった。しかもその詐欺の舞台が、カトリック教会であったり刑務所であったりと神出鬼没。東京では弁護士バッジを胸に、東京地裁の弁護士控室に碁まで打ちに行っている。そうしながら保釈手続きに来た人から金を騙し取っていたのである。

少女に見抜かれた「正体」

だが、結局その大胆不敵さが命取りとなった。年明け早々、おそらくここでも金を騙し取ってやろうとしたのだろう。

「古川さんが尽力中の死刑囚の救援運動に協力したい」

と、弁護士を偽って熊本県玉名市の元福岡刑務所教誨師・古川泰龍宅を訪れた西口は、その夜雄弁に自らの死刑論などを語って気持ちよく床に就いたが、同家の10歳の少女に手配写真の男とそっくりだと看破され、翌3日朝、通報を受けた玉名署員に逮捕されるのである。

小学生に正体を見破られた西口

西口は1942年、窃盗と詐欺で岩国の少年刑務所に入って以来、連続殺人事件を起こす1年2カ月前に小倉刑務所を出所するまで都合4回、詐欺罪などで実刑判決を受け12年以上を刑務所にて過ごしているが、なぜ突然、殺人犯に変貌したのか。

元死刑囚の免田栄は、福岡刑務所に服役中の西口が、計理夫として死刑囚房に出入りしていたとき、西口が「今度出たらデカイことをやって死刑になってやる」などと言っていたことを覚えている。実際そうなって再び免田の前に姿を現わしたわけだが、1966年8月15日、自ら上告を取り下げ死刑を確定させた西口は、その後もなんら態度を変えるようなことはなかったようだ。

そして、連続女性殺しの坂野三雄の処刑の際には、直前になってぐずりはじめる坂野の説得役を買って出るなど終始親分肌なところも発揮。その半年後、自らの死刑執行でも、まれにみる堂々とした態度で刑場に立った。

西口 彰の言葉

「遺骨は別府湾に散骨してください。アーメン」

File 10

少年ライフル魔事件(1965年)

片桐 操

死刑確定
1969年10月2日
死刑執行
1972年7月21日(享年25)

25歳で散った「弾丸人生」

それは蒸し暑いある夏の日のことだった。

1965年7月29日午前11時ごろ。神奈川県座間市の林道を歩く不審な少年を、巡回中の警官(21歳)が発見し、職務質問をした。

「そんなところで何をしてる?」

少年が、そのまま無視して歩くのを見た警官は、さらに声を強めた。

「オイ、ちょっと待て!」

その瞬間、巡査に銃口が向けられ、乾いた銃声が響き渡った。少年は駆けつけたもう1人の巡査にも発砲。1人は命を落とし、1人は弾丸が貫通する重傷だった。

片桐操（18歳）がなぜこのとき引き金を引いたのか、それに明確な理由はない。ガンマニアではあったが、それまで前科や非行歴があったわけではなかった。片桐は、とっさに倒れた警官の制服、拳銃を奪うと警官に変装し、近くの民間人の車を止めた。

「近くで発砲事件があった。車を出してほしい」

逃走する片桐に銃を向ける警官。
逃走を長く続けたことが刑を重くする結果となった

警官になりすました片桐の、最も長い1日が始まった。

警官射殺の報を受け、緊急警備態勢が敷かれた国道を、片桐はドライバーを人質に何度も車を乗り換えながら都内へ向かって突き進む。

夕方、片桐は自身がライフルを購入した渋谷区の銃砲店に到着。店員らを人質に取り、店の中に立てこもった。まさに目的なき「人質事件」であった。

周囲を機動隊と警官、それに野次馬がびっしりと取り囲む。なぜ、こんなことになってしまったのか。それは片桐にも分からなかった。確かなことは、自分が殺人犯として追われているという現実だけだった。

「銃を持ってこい！」

荒れ狂った片桐は、店の銃という銃を持ってこさせると、天井や窓に向かって、思う存分乱射した。出動した警官は７０００人。野次馬は５０００人以上に膨れ上がった。

午後7時、機動隊が催涙弾を撃ち込んで突入し、片桐は逮捕された。

渋谷の都会を舞台にした捕物劇はテレビで生中継され、全国の国民が衝撃のシーンの目撃者となった。

「こんな人間だけにはなるな」

1審で、まだ少年だった片桐に矯正の可能性はあるとした裁判長は、無期懲役の判決を下したが、検察側が控訴。自ら「死刑にしてください」と述べた片桐の供述も反映されたのか、高裁では死刑判決となり、結局最高裁で死刑判決が確定した。

確定から執行までは3年弱と早かった。

執行当日の朝、片桐は教誨師にこう語ったという。
「ぼくは親不孝の許しを乞い、被害者の方の冥福を祈りながら静かに死んでいきます。でも、ぼくのような人間が、2人と出ないよう、此の社会から2度と出ないように、この最後のつらさ、苦しさの心境だけは現代の若者たちに伝えてください。自分との闘いに負けた人間の最期のあわれな姿が、自分をして、自分で自分の首を絞めるようなもので、こんな人間だけにはなるなと教えてやってください。先生、死刑囚になった人間の教誨より、罪を犯さない人間を育てるための教誨をしてください。これが、ぼくの最後の頼みです」（大塚公子『死刑囚の最後の瞬間』）
片桐の事件の3年後、同じく少年だった永山則夫が連続射殺事件を起こし、死刑判決を受けている。片桐は25歳で逝き、永山が執行されたのは48歳のときである。

片桐操の言葉

「昭和47年7月21日。天気晴朗なれど心波高し」

コラム

拘置所長が「極秘録音」した死刑執行前「53時間」ドキュメント

拘置所長が録音した「実録・死刑執行」

ひそやかに刑場の露と消えていく死刑囚の肉声を、録音テープに記録していた人物がいる。

ビデオはおろかテレビすら普及していなかった1955年、後に死刑廃止論者として知られることになる玉井策郎・大阪拘置所長（当時）が、ある死刑囚の執行直前の「最後の53時間」を極秘に録音していた。

翌年、国会に死刑廃止法案が提出された際、玉井氏はその記録内容を資料として法務省に提出している。

一般にその内容が知られたのは、同年4月13日付読売新聞の報道によってである。

テープの試聴会に参加した記者によって、その録音の一部が書き起こされた。すでに玉井氏の録音、記事の公表から60年以上が経過しており、著作権保護期間を過ぎているため、ここでは記事全体を紹介する。

記事では伏せられているが、この死刑囚の名は大谷高雄。1947年4月、神戸市の歯科医宅に3人組で強盗に入り、駆けつけた警官を持参していた拳銃で射殺した。1950年9月に死刑が確定している。

【死刑囚「執行前53時間」の声　恩赦却下宣告から処刑まで　異例の録音を聴く】
（読売新聞1956年4月13日）

『ひと足お先に。極楽では私の方が先輩ですからね』と談笑する声。それから十秒後、読経の流れる中に突然〝バターン〟と刑壇の板の落ちる音——大阪拘置所で強盗殺人死刑囚の声がテープ録音に収められた。拘置所長が恩赦却下のむねを告げてから死刑執行まで五十三時間の生々しい声の記録。しかもここに登場する死刑囚、矯正職員の気づかないうちにそっと収められた録音である。死刑囚の処遇改善を目的とする刑事政策的な考慮と、矯正職員、教誨師の教育資料として作られたもので、この試みはむろんわが国ではじめて。世界でも珍しい記録といわれる。近く国会で活発な死刑廃止論争が予想されるので（廃止法案はさる三月十七日羽仁五郎、高田なほ子議員らによって参議院提出）この録音資料はこのほど法務省渡部矯正局長あてに送られたが、たまたま教誨師らの試聴会に記者も同席する機会を得たので、速記鉛筆を走らせ、聞いたまま、感じたままを紙上に再現してみた。録音を聞き終っての感じをいうなら、死刑存廃問題に一石を投ずる貴重な資料ということ。所要時間一時間四十分、その間さすがに生つばきをのみこむのさえはばかられ、タバコに火をつける気には到底なれなかった。（沢田東洋男記者）

【まっ先に子供のこと　カナリヤの鳴く部屋で姉と面会】

『死刑囚O（三十八歳＝特に名を伏せる）は京都宮津のキコリの次男に生れ…』最初に黒いテープから飛び出した言葉はこれである。いくぶん感傷的な、重々しい口調の解説だ。Oの人となり、神戸で三人組強盗を働き警察官をピストルで射殺、最高裁で上告棄却となり死刑確定に至るまでのイキサツが長々と続く。この録音は当時の大阪矯正管区長鈴木英三郎氏（現東京矯正管区長）が企画し、同じく大阪拘置所長玉井策郎氏（現奈良少年刑務所長）が全二十三巻を一巻両面に編集したものである。

一日目

三十年二月九日午前十時二十分、保安課の職員に呼出された彼は長い舎房の廊下を通り、いま庁舎二階の大阪拘置所長室に入った。

（コツコツと廊下を歩く数名の足音、戸を開け、閉める音）

「O君、特別恩赦を願っていたけれども、今日残念ながら却下になってきた。まことに残念だ。却下になってきた以上、近く執行があるはずだ。これまで苦労したね。よくやってくれた」（所長のバスが噛んで含めるよう。しばらくなんの反応もなくテープが回転する。何か動くような気配）

五尺七寸、紺背広、ノー・タイ、カーキ色ズボンの彼は青ざめた表情で所長の前に硬直したまま立っている。突然ズボンのポケットから純白のハンケチを取り出し、顔を押えて

「非常にお世話になりました。（やっと聞きとれる程度、カーテン裏のマイク装置の失敗という話だ）私はこれまで反則を繰り返し身分帳（罪の履歴）が汚れています

…。これを残してゆくのは残念です。なんとか消して頂けませんか」

【何でも、甘えよ】

涙にぬれた大きな眼が真剣に訴えている。所長は手元の身分帳に目を落し

「それは実に立派なことだ。後に残るものをいうことは身分帳どころか、前の犯罪まで拭い去ったことだ。（Oの泣き声）会いたい人には会えるようにするし、法の許す限りのことは食べたいものでも何でも、甘えるつもりでいいなさい。できるだけの面倒はみますから——」（靴音が遠ざかる）

所長室を出た彼は個人教誨室へ入り、立て続けにお茶を二、三杯飲みほした。（茶をすする音）ふとわれにかえった彼はマスコットのカナリヤのカゴを持ってきてほしいと頼み吉川教誨師の法話を熱心にきいた。

「死の縁は無量である。人はいつ、どんな死に方をするか判らない。しかし……」

執持鈔《しゅうじしょう》を引いての法話が続く。（カナリヤのなき声が入る）そこへ拘置所の連絡でかけつけた彼の姉が案内されてきた。関保護課長が『どうぞ』と招く。（戸を開ける音）

濃いエンジのテーブル掛がかけられたテーブルを中にして姉と弟が顔を合わせた。

「O君、長い間いおうと思っていたことを思い残すことのないように話しなさい。姉さんお願いします」

と課長が口添えする。

「何年ぶりかな、姉さんとお話するのは……Tは元気かね」

最初に口をついて出たのは残された一人息子のことだった。（死刑確定後妻と離婚し、一人息子のTは自分が戦死したことにして姉に預け、手紙も出さず、色あせた小学校入学の記念写真を大切に持っている）

「お前、もう中学校を卒業するんだよ。これからどうすればいいのかね」

「ほう、姉さんも大変だな、同じ年の子供を二人も持ってね」

「Tはお前の子だから外へ出しても、わかれば勤めがダメになるだろうし――、うちの子を勤めさせることにして、Tは家をとらせて百姓をさせようと思うがどうだろう――」

束髪に白粉気もない素朴な姉の温かい話に幾度もうなずく。犯罪当時の迷惑に対するおわびなどが涙のうちに語られる。昼食のカツライスを彼はうまそうに食べた。姉は弟のそうした仕ぐさ、心遣いを知りナイフを置いては涙にむせんだ。（一時を告げ

る柱時計の音）

【歌う　誰か故郷を……　同囚らと別れの茶の会】

送別お茶の会は教誨堂東隣りの日本間で開かれた。このお茶の会は表千家流の師範田中きくえさんが毎月定期的に開いてきたものだが、恩赦却下があると臨時に行われる。

きょうも女囚一名を除いた死刑囚八名が集り、玉井所長、有田管理部長ら関係職員が出席して開かれる。Ｏが黙礼しつつ正座につく。

田中さんが点てた初だてのお茶を彼が隣の教誨堂の仏前に供える。同囚を前にＯは「いま所長さんの話を聞いて私は本当に救われたという気持ちです。私がいまのようになったのは信仰のためだ」

「はじめはずいぶん悪かったからね。とくに二十五年ごろはねえー」

と同囚の笑い声。（にぎやかな笑い声。……そのころの彼は幾度も逃走を計画し、朝は起きない、看守にくってかかる、教誨師をバ倒する始末だった）

「きょうも担当さんがきたとき〝お迎え〟と直ぐ判ったが、死刑などという言葉はピンとこなかった。アミダさんのことを思った。一番古いんでいやなことばかり残っているだろうが、余り悪いことは見習わないようにして、過去のことは水に流してくれ」（驚くほど早口である。同囚に対する虚勢だろうか。これが達観した境地というものか）

【螢の光を合唱】

法話や思い出話に続いて彼へのはなむけの歌がはじまる。脱獄囚中島英蔵の鳩ポッポをはじめやがてOと同じ運命にある同囚が次々と歌う。どの歌声もかぼそく胸につかえるようだ。彼は「誰か故郷を思はざる」を歌いはじめた。（拍手が起る。細い低い声だ。伴奏もない。それなのになんと迫力のこもった声だろう。そのふるえ声＝トレモロ＝は技巧などといったものではない。深淵の底に引きずり込まれるような寂寥感、舎房の高い鉄窓を見上げながらいつもきっとこの歌を歌っていたに違いない。子供のこと、ふるさとの山河をしのびながら…）

所長の音頭で「螢の光」が合唱される。

二日目

二日目の十日午後一時半から送別俳句会である。北山河氏＝大阪市北区北扇町＝が指導し、死刑囚を中心に生活の流転を追憶する慣わしとなっている。彼は俳号を豊年といった。（彼が可愛がっているカナリヤがなき続ける）

「子に賀状出せぬこの身をわらうのみ」
「喧嘩でもせねば秋夜はやり切れず」
「妻の夢さめて湯たんぽ抱いていし」
「御仏に托せし生死雪降り積む」

など彼の数多い作品が紹介される。俳句会を終えた彼は、姉とこの世で最後の面会、幸福だった子供のころの思い出、年老いた母への思慕、子供のこと。いつか時間は四時三十分。舎房へ帰らなければならない。関保護課長が「――別れはつきないし、いい足りないこともあったと思うけれども役所の規則が許さない。――お別れしましょう」という。

「姉さん、長い間ありがとう。（なみだ声）どうかお母さんにもよろしく、子供のこ

とはくれぐれもお願いします」（姉は泣くばかり）
「姉さん僕は死んだら姉さんやお母さんのところへ行くよ。家を知らないから死刑執行の時間には窓をあけてお母さんと一緒に大きな声で僕の名前をよんでくれ」（乱れがちの声、きれぎれで聞きとりにくい）
関保護課長は「さ、これで別れましょう。残酷なようなもんですが別れましょう。最後にO君の手をシッカリ握ってやって下さい」（大きな泣声の中に自動車の警笛が飛込んでくる）姉弟は抱き合って泣いている。
「もう時間が許しません。どうか姉さんも本人の冥福を祈ってやって下さい。あすは立派な態度でゆけると思います」と引き離した。
「姉さん、悪うございました」と見送る彼の声も言葉にならず、そのまま畳に泣き伏す。姉は手にした荷物をとり落し人前もなく冷たい廊下に泣き伏してしまった。外は氷雨である。

【〝死後の願い〟さとる　地獄にゆけば父とも会えぬ】

三日目

三日目の十一日、最後の日である。彼は昨夜医務課長から下剤を貰い腹にたまったものをすっかり流した。けさは龍田教育課長に頼んで作って貰った銀メシのお茶漬けの奈良漬けが歯にしみた。職員が荘厳《しょうごん》（＝飾る）した仏前に死刑囚全員が集り、最後の礼拝が行われた。導師は吉川教誨師、正信偈《しょうしんげ》和讃が読誦される。（オルガンのリズムが哀愁をそそる）死後を願う彼の声も、友を送る死刑囚たちの声も涙にうるんでいる。教誨堂の外は雨が雪にかわって小雪が舞っている。

Oは残された死刑囚に

「私は恩赦があることを期待していたので、その間宗教なんか必要がないものだと修行を怠っていたのは考え違いで損をしました。どうか皆さんも助かるとか、無期になるとか、このような気持ちを捨てるとともに見栄を捨て真剣に死という問題に直面し、人がどう思うか、こう思うかということを考えないで、死後を願うことが必要だと思います。いよいよ皆さんと別れてきょうは刑場に臨むのでありますが、私はきょう刑場で泣くかもしれないし、また腰を抜かすかもしれません。あとで誰かに聞かれたらその姿が本当の私の姿だと思って下さい」

とあいさつした。（実に淡々とした口調。昨日、一昨日の声に比べなんという変り方だろう）

【残る同囚激励】

終ると彼は居並ぶ死刑囚に「体に気をつけて」「一日も長く生きてくれ」などと握手を交してゆく。（残る死刑囚の励ます声、泣き声）同囚をふり返り、紅潮した顔に笑いさえ浮かべながら手を振って個人教誨室へ。

「感想はあるのだけど言葉にするのは難しいですね」

求められるままに保護課長に彼は心境を語るのである。

「法話を聞いても初めはこのままではただですまんと思いながら見栄を張るんですよ。ニヤッと笑って舌を出したりしてね——。ところが死んだ父にどうしても会いたい。自分は悪いことばかりしているので地獄へゆく。父は針の曲がったことも嫌いな人だったからアミダさんのところへ行っておるだろう。地獄にゆけば父とも会えない。しっかりやって救って貰わなければ大変だ。そうするとアミダさんのいうことを自分も考えてみようじゃないかということになった。自分の過去を考えることはこわいことですよ」

彼が話をしている間に刑場では死刑執行の準備が進められてゆく。保護課長は時計の針が進むのを恐れるようにそっと腕時計をみては部屋の中を歩いた。

【最後のピース】

「お別れだよ」――坂上保安課長が迎えにくる。

花束を胸にした彼の後ろに吉川教誨師。遅れて玉井所長。続いて立会いの大阪高検飯田昭検事（現神戸地検姫路支部長）が歩く。

間口二間、奥行五間半の東向き平屋の刑場の仏間にはロウソクがともされ、香がたかれている仏前正面のイスにOがすわる。

所長は「長い間苦労したねえ。これで最後のお別れだな。よくやってくれた。いいたりないこと、書き足りないことがあったら全部ここでいいなさい」といっている。

これが死刑執行の言い渡しなのだ。すでに吉川教誨師の十二礼《じゅうにらい》の読経がはじまっている。流れるような、沈むような、そして惜しむようなリズムの波に乗ってOも大きな声で唱和してゆく。

引続き「白骨の御文章」が授けられる。人生の無常が人の心をさす。

「今日のような修養を積めたのはひとえに所長はじめみなさんの理解によるもので、今日喜んで死出の旅路につけることは本当にうれしいことです」（まるで人々にお説教するような安らかな口調）

その後で彼の辞世の句が教誨師から披露された。

「あす執行下剤をのみて春の宵」

「何くそと思えど悲し雪折れの竹」

所長からはなむけのピース一本。心ゆくまで吸い込んだ煙を狭い仏間にただよわせながら「兵隊に行っていたときにタバコが好きで余りプカプカふかすので機関車というあだ名をつけられましたよ」と笑う。

（談笑する声が絶えない。誰もがまるで沈黙を恐れるかのように）話が途切れたとき彼は所長を始め居ならぶ人たちと無言の長い握手。〝社会の人々にいろいろ迷惑をかけてすみません〟今日までの厚情を感謝し、残る死刑囚を頼んだ。最後に保護課長の肩に両手をかけ捲くようにしながら「先に行っています。極楽では私の方が先輩ですからね」とみんなを笑わせる。

【読経、一層高く】


別れがすむと姉の心づくしの経帷子《きょうかたびら》に着替え、仏前に焼香、それが終ると保安課長の手で目隠しと手錠がかけられた。

「心の中で念仏を唱えなさい。声を出すと舌を切るからね」

と口早に所長が小声で注意する。このとき教誨師の唱える四弘誓願《しぐせいがん》の聖歌の声が一段と高まる。（鐘の音がガーンと尾をひく。得体の知れぬ急迫感に胸がしめつけられるようだ）支えられながら刑場へ。足音が止ったようだ。読経の声は何か狂わしいまでにかん高くなった。そのとき読経の声を打消すような激しい音がした。まるで大きなゴミ箱のフタを手荒く落したときのように。バターンとただ一回きり。しかし読経のリズムは少しも変らない。医者がストップ・ウォッチをみている。

「報告します。死刑終り。午後二時五十九分執行。死亡三時十三分二秒。所要時間十四分二秒」（低いが、力のこもった声）

死刑囚「執行前53時間」の声

恩赦却下宣告から処刑まで

異例の録音を聴く

大阪拘置所 "存廃論争"に貴重な資料

まっ先に子供のこと

カナリヤの鳴く部屋で師と面会

歌う「誰か故郷を」

妻の夢さめて 抱く湯たんぽ

"死後の願い"さとる

地獄にゆけば父とも会えぬ

事務長ら10名を逮捕

密貿易船 広島へ引航

"共犯"の兄を釈放

ぐらつく「新世紀」殺人

港区で工場など焼く

「読売新聞」1956年4月13日付

第3章　彼岸

File 11

植松 聖

相模原障害者施設殺傷事件(2016年)

死刑確定 2020年3月31日
死刑執行 未執行

この行為は「罪」ではなく「世直し」

「パンドラの箱を開けてしまった」

かつて職員として働いていた障害者施設「津久井やまゆり園」に侵入し、入所者19名を殺害、26人に重軽傷を負わせた植松聖の凶行とその後の言動は、しばしばそのように形容される。命の選別という、ある種タブーになっている問題を人々の眼前に引きずり出してしまったからだ。

「重度・重複障害者は莫大なお金と時間を奪っている」

「意思疎通のとれない障害者は安楽死させるべき」

公判中も、この信念を曲げることはなく、自ら犯した行為は「罪」ではなく「世直し」だと主張し続けた。

もともとは小学校の教員を目指していたという植松だが、大学卒業後、運送会社で数カ月働いた後、２０１２年12月にやまゆり園を運営する社会福祉法人に非常勤として就職。翌年の4月には常勤となっている。しかし、そのわずか3年後の２０１６年2月15日、次のような犯行予告めいた手紙を衆院議長公邸に持参するという奇行に走っていた。

「職員の少ない夜勤に決行致します。見守り職員は結束バンドで身動き、外部との連絡をとれなくします。職員は絶対に傷つけず、速やかに作戦を実行します。２６０名を抹殺した後は自首します」

その後、緊急措置入院となった植松は、入院中に事件決行を具体的に決意、同年7月26日未明、予告どおりの惨劇が起きた。

植松は拘束した職員を連れまわして、入所者が「しゃべれるかどうか」を確認しながら一人ひとり選別し刺していった。途中でその意図に気づいた職員が「みんなしゃべれます！」と叫んでも、「しゃべれないじゃん」と刃物を振るったという。

話すことができない人を「意思疎通のできない」「人の心を失った心失者」としてこの世から抹殺しなければならないと結論づけ、自らが果たすべき使命だと思い込んだ植松。精神鑑定の結果「自己愛性パーソナリティ障害」と診断されたものの刑事責任能力はあると判定され、2017年2月24日に起訴された。

「心神喪失者」こそ死刑にすべきと主張

2020年1月から始まった公判で、植松は「新日本秩序」と題した独自の構想について語り始めた。

「意思疎通の取れない人を安楽死させる、他者に負担がかかると見込まれる場合は尊厳死を認める」「大麻を嗜好品として認める」「カジノ産業に取り組む」「軍隊を設立する」「婚約者以外との性行為に避妊を義務付ける」「女性の過剰肥満を治す訓練施設の設立と整形手術費用の一部を国が負担する」「温暖化防止のために遺体を肥料とする森林再生計画に賛同する」という7つの項目からなる摩訶不思議な構想について自説を繰り広げる植松を、弁護側は「心神喪失者、または心神耗弱者であり無罪」と主張したが、これは植松にとって耐え難かったに違いない。その自説に従えば「心神喪失者」こそ、社会に不幸しか与えない「安楽死」の対象であるのだから。

ゆえに、弁護側のそうした主張に対し植松は真っ向から反論した。「頭がおかしければ無罪というのは間違っている。心神喪失者こそ死刑にすべき」。一方で、自身には責任能力があり、正しい考えに基づいて行った行動だとの従来の主張を崩さなかった。

2020年3月16日、横浜地裁で死刑判決が出た。もともと、ダラダラと控訴審、上告審と続けるのは税金の無駄遣いだと主張していた植松は「どんな判決でも控訴しない」と語っていた言葉どおり、弁護人が申し立てていた控訴を自ら取り下げ、3月31日に死刑が確定した。4月には刑場のある東京拘置所に身柄を移送され、執行を待つ身となっている。

自身の物差しにおける「生産性のなさ」を何より嫌った植松は、その思想に自ら絡め取られてしまった。被害者参加制度によって公判に参加した遺族からの尋問に対し、「まことに申し訳ございません」と謝罪の言葉を口にした植松。しかし、自分が向き合うべき罪の本当の大きさに、果たして気づくことができたのだろうか。

植松 聖の言葉

「きちんと説明すれば半分くらいの人は(自分のやったことを)わかってくれると思っています」

File 12

造田 博

池袋通り魔殺人事件(1999年)

死刑確定
2007年4月19日
死刑執行
未執行

包丁とハンマーを両手に握りしめ、通行人へ突進

平成の間には、いくつもの通り魔殺人、無差別殺人事件が発生したが、その嚆矢が、1999年、平日昼間の繁華街で起きた「池袋通り魔事件」だったと言えよう。

9月8日、東池袋の東急ハンズ前に、異様な出で立ちの男が現れた。黒いデイパックから取り出した包丁を右手に、ハンマーを左手に握りしめ、「むかついた。ぶっ殺す!」などと叫びながら、通行人めがけて突進。白昼、突如繰り広げられた惨劇により、2人の女性が命を落とし6人が重軽傷を負った。凶刃を振るい現場で取り押さえられたのは、造田博、23歳。

事件直前まで、新聞販売店のアパートに住み込み働いていたというが、その部屋か

らは「わし以外のまともな人がボケナスのアホ殺しとるけえのお」「わしボケナスのアホ全部殺すけえのお」といった犯罪予告めいたメモが見つかった。

直後の取り調べでは、働いていたにもかかわらず「仕事がなくてむしゃくしゃしていた」「誰でもよかった」などと曖昧な供述をするばかりで犯行の動機などは分からずじまい。公判でも気の抜けたような言葉ばかりで、黙り込んでしまう場面もしばしばあったようだ。

しかし、少なくとも犯行の2年前、造田は手紙という形で心の闇を吐露していた。「日本の大部分は小汚い者達です。この小汚い者達は歌舞伎町で、人間でなくなっても、動物でなくなっても、生物でなくなっても、存在しなくなっても、レイプし続け、暴行をし続けると言っています。存在、物質、生物、動物が有する根本の権利、そして基本的人権を剥奪する能力を個人がもつべきです。この小汚い者達には剥奪する必要があります。国連のプレジデントに届けてください。造田博」

手紙の送り先は、外務省。理解しがたい内容だが、似たような文面の手紙を10通以上、外務省に送っていた。ほかにも、衆議院、裁判所、在日外国大使館、官公庁などにも手紙を送りつけていたようだ。

弁護側は「誇大妄想」による心神喪失もしくは心神耗弱を主張したが、精神鑑定の結果は「刑事責任能力あり」。2002年1月18日、東京地裁は死刑判決を下した。造田は死刑判決を不服として控訴するも棄却、上告も棄却され2007年に死刑が確定した。

高校時代、多額の借金を残した両親が蒸発

その心に巣食っていたものとは何だったのか。

造田は獄中で「造田博教を作った」と、友人や交流のあるジャーナリストに宛てた手紙に書き記している。法廷では無口な造田が手紙では饒舌になる。

「ちゃんとした人またはいい人に理由もなく危害を加えようとするのがだめで、ちゃんとした人またはいい人に理由もなく危害を加えようとしないのがいい方」「変な人はミキサーに永遠に入れっぱなしにするのがいい」などと、独特の世界観と倫理観を展開する。

その「ちゃんとした人」「変な人」の線引きはどこにあったのだろうか。

岡山県灘崎町で育った造田は、存在感はあまりないものの成績優秀な学生だったという。名門県立高校へ進学するも、大工をしていた父親が病気になり借金を抱えたの

をきっかけに両親がギャンブルに溺れてしまう。さらに多額の借金を残したまま両親が蒸発、債権者が押し寄せる家に一人取り残された造田はやむなく高校を2年で中退。以後、広島、兵庫、名古屋、東京などで職を転々とする暮らしが始まった。17歳の若者が背負うには、あまりに重たい現実だったと言えよう。

事件を起こす直前まで働いていたという新聞配達店でも勤務態度は至って真面目だったようだが、その胸の中にはすでに「小汚い者達」で溢れる世界への憎悪が生まれていたのかもしれない。凶行に及んだ直接のきっかけは、深夜、携帯にかかってきた無言電話だったという。新聞配達の勤務中にかかってきた1本のいたずら電話によって造田の心はついに決壊、部屋を飛び出し4日後の繁華街路上で惨劇を引き起こした。

アパートの部屋には「努力しない人間は生きていてもしようがない」と書いた紙が貼られていた。生きていてもしようがない存在など、ありはしない。

造田 博の言葉

「造田博教では家族、親族の関係をなしにしようと思っています」

File 13

古谷惣吉

連続8人殺人事件(1965年)

死刑確定
1978年10月2日
死刑執行
1985年5月31日(享年71)

日本を震撼させた昭和の殺人鬼

裁判の長期化に伴い死刑囚の「高齢化」は顕著になっている。2006年12月25日、全国で4人の死刑が執行されたが、そのうちの1人秋山芳光は77歳という、戦後最も高齢での死刑執行となった。また同日、「車椅子で刑場までやってきた」と言われる藤波芳夫死刑囚は75歳であった。

この秋山芳光以前に、最も高齢で死刑となったのが、広域重要指定事件105号(連続8人殺人事件)の古谷惣吉(享年71)である。

1965年11月9日、滋賀県大津市で59歳の海水浴場管理人が絞殺されているのが見つかった。以降、22日に福岡県で50歳の英語塾講師、29日に兵庫県神戸市で57歳の廃品回収業者の絞殺体が相次いで見つかる。

警察は、留守番をする老人を狙っていることや、布団をかぶせ遺体の発見を遅らせていること、また殺された時期が集中していることなど似通った殺害手口から同一犯

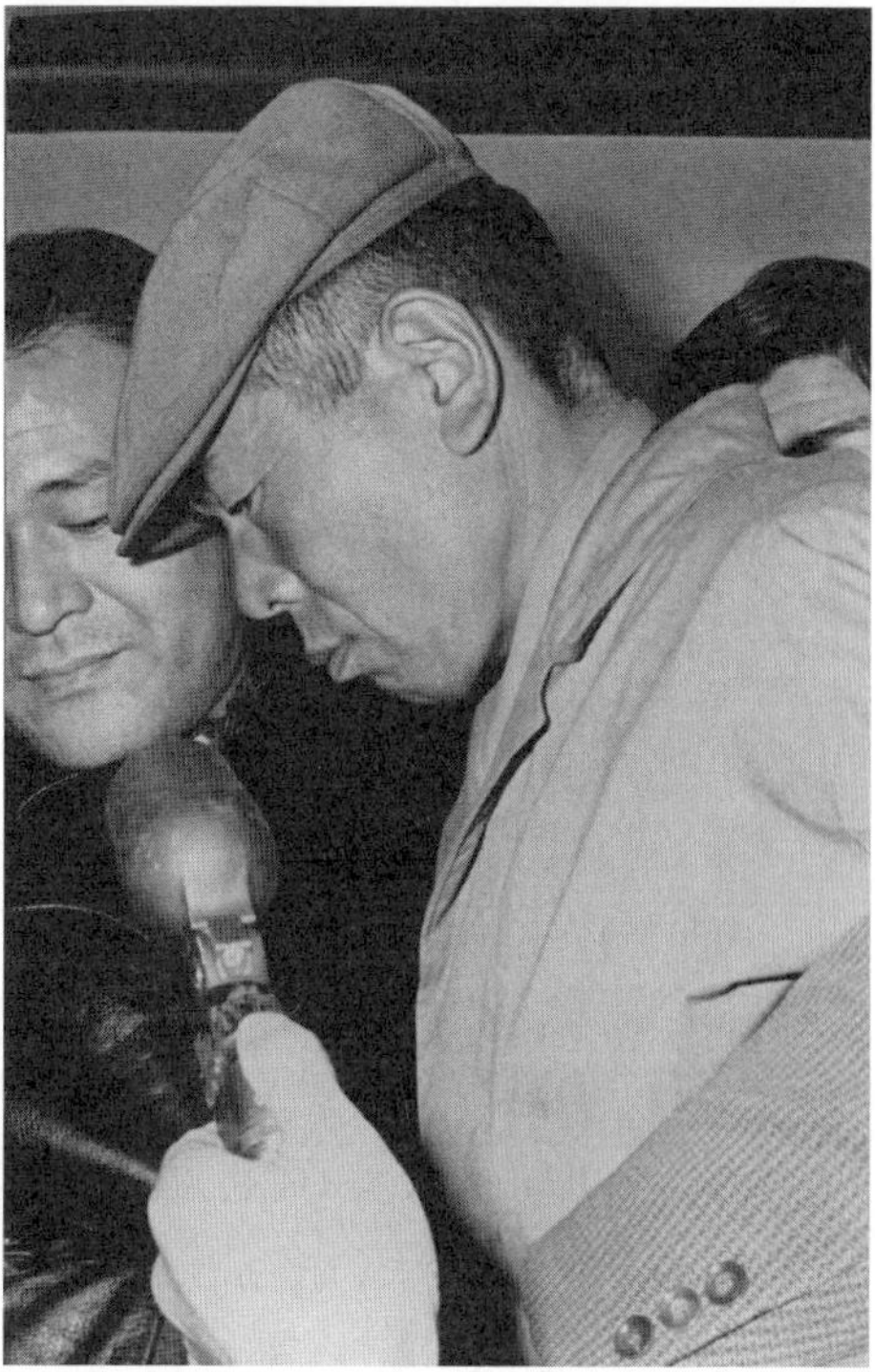

殺人事件としては初の広域重要指定事件となった

の犯行と見て、12月9日「広域重要事件105号」に指定した。犯罪が広域にわたる場合、県警のタテ割り体制は捜査に支障をきたしがちなため、警察庁が音頭を取って、各都道府県警が連携して捜査に当たる仕組みである。

12月11日、京都で新たな廃品業者（60歳）の遺体が見つかると、現場から古谷惣吉（50歳）の指紋が検出された。警察庁は古谷を全国指名手配。その翌日、古谷は西宮で「最後の殺人」をした直後、芦屋署の警官によって逮捕された。

古谷は1964年11月に熊本刑務所を出所以降、8人の殺人を自供。野宿者やホームレスを訪ねては金品をねだり、断られれば殺すといった短絡的な犯行を2カ月あまり繰り返していた。

天涯孤独の獄中生活

「犯罪史上かつてない凶悪な事件であり、この極悪非道な罪を償うには最高の刑罰しかない」

神戸地裁はこのように古谷を断罪し、死刑を言い渡した。その後、古谷は自供していた殺人を、1件を除いて否認する。

「自分ではなく、殺人は岡と名乗る男がやった」

だがこれは古谷がこれまでの多くの公判で体得したわずかなテクニックの1つに過ぎなかった。過去に関係した殺人事件で、共犯者に罪の大部分をうまく押し付けた成功体験を、古谷は忘れていなかったのである。しかし、この期に及んで判決が変わろうはずもなく、1978年11月28日、死刑が確定した。

身よりもなく天涯孤独の古谷には、面会もなく獄中での様子はほとんど伝わってきていない。しかし、知り合いの老刑事とは手紙のやりとりがあったらしく、刑執行の5年ほど前の歌に次のようなものがある。

「厚恩を背負いてのぼる老いの坂　重きにたえず涙こぼるる」

古谷惣吉の言葉

「愚者は語り賢者は聞くという。言わぬが花だ」

File 14

袴田 巌

袴田事件(1966年)

死刑確定 1980年11月19日
死刑執行 未執行

「再審」をめぐる半世紀の攻防

1966年、静岡県清水市（現・静岡市清水区）で一家4人が殺害された事件。1980年に死刑判決が確定した袴田巌は2014年、静岡地裁の決定により再審および死刑・拘置の停止が認められ、逮捕から48年ぶりに東京拘置所から釈放された。現在、拘禁症状と戦いながら再審開始と正式な無罪確定を待つ身の袴田であるが、状況は混沌としている。再審開始を不服とする静岡地検の特別抗告に対し2018年、東京高裁は再審の決定を取り消した。弁護側は最高裁に特別抗告しているが、釈放状態は維持されており、法的に見ると死刑が確定しており、再審も認められていない状態で本人の身柄は拘束されていないという、矛盾した状態が続いている。

袴田巖は、フェザー級日本6位という実績も残した、有望なプロボクサーだった。1961年、足と眼の不調により26歳でボクサーを引退、故郷の静岡県に戻り、味噌製造会社「こがね味噌」に就職。第2の人生を送っていた1966年6月30日、事件は起きた。

この日未明、「こがね味噌」専務宅から出火。全焼した現場から、一家4人の遺体が発見された。

遺体には刃物による無数の傷痕が残され、また現場からはガソリンが検出され、放火殺人事件と断定された。目撃者はなく、捜査は難航するかと思われたが、逮捕されたのは住み込み従業員だった袴田巖（30歳）であった。袴田の部屋から、微量の血痕、混合油がついたパジャマが発見されたことが決め手となった。

「連日2人1組になり3人1組のときもあった。午前、午後、晩から11時、引き続いて午前2時頃まで交替で蹴ったり、殴った。それが取調べであった」

2014年に釈放された袴田巖さん

（袴田の獄中書簡）

連日、12時間以上に及ぶ長時間の取り調べを受けた袴田は、犯行を自白。起訴後を含め45通もの「自白調書」が作成された。殺害動機も二転三転したが、結局、給料日を狙った金銭目的の強盗殺人とされた。

公判に入ると、袴田は「自白は強要されたもの」と潔白を主張する。1審公判中の1967年8月31日に、事件は新局面を迎える。味噌タンクの中からはっきりと血のついた衣類5点が発見されたのである。事件発生から実に1年2カ月が経過していた。袴田の「自白」とは異なる状況が発生したが、検察は犯行時の衣類を変更するという「大技」でこれを強行突破。1審判決は死刑であった。

裁判官が「無実の心証」を告白

新たに味噌タンクから出てきたズボンはかなり小さいもので、袴田が3回にわたり装着実験を試みたが、いずれもはくことができなかった。だがこの矛盾も、味噌タンクの中に入っていたことにより裏地が縮んだと裁判所に認定されてしまったのである。

公判では一貫して無実を主張し続けた袴田であったが、1980年11月19日、最高裁は上告を棄却し死刑が確定した。

袴田は精神を病み、１９９４年、再審請求棄却後は面会も困難になった。２００７年2月26日、テレビ朝日系『報道ステーション』において、１審（静岡地裁・死刑判決）当時の判事、熊本典道氏（69歳）がインタビューに答え、「私は無実だと確信していた」と嗚咽とともに証言した。

１審ではほかの2名の裁判官（すでに死去）が有罪と判断したため、判決は死刑となった。しかし呵責に耐え切れなかった熊本氏は7カ月後、裁判官を辞している。熊本氏は２０１８年、病床で50年ぶりに袴田と再会した。

現在も正式な再審開始に向けた運動は続けられているが、戦後5例目の「死刑確定後の再審無罪事件」となるか、それは時間との戦いに入っている。

袴田 巖の言葉

「死刑そのものが怖いのではなく、怖いと恐怖する心がたまらなく恐ろしいのだ」

File 15

永山事件（1968年）

永山則夫

死刑確定
1990年5月8日
死刑執行
1997年8月1日（享年48）

拘置所に響き渡った絶叫

戦後日本において最も有名な死刑囚の1人である永山則夫が、どのような最後を迎えたのか。これについていまのところ唯一伝わっている情報は、同じ死刑囚で東京拘置所に収監されていた大道寺将司（2017年病死）の証言のみである。

「八月一日（金）の朝、九時前ごろだったか、隣の獄舎から絶叫が聞こえました。抗議の声のようだったとしかわかりませんが、外国語ではありませんでした。そして、その声はすぐにくぐもったものになって聞こえなくなったので、まさか処刑場に引き立てられた人が上げた声ではないだろうなと案じていました。注意してみると、このフロアもいつもと雰囲気が違いました。幹部の視察がなく、夕方の点検に来た看守は、ぼくと視線を合わせずにそそくさと通過していきましたから。懸念を深めるばかりで、八月二日（土）を迎えました。午前中の新聞の交付がいつもより遅くなり、ぼくの分は別扱いにされて看守が持ってきました。折り畳まれたものを開くと、『朝日』の八月二日付朝刊の一面左上が大きく黒く塗りつぶされていました。前日、誰かが、東京拘置所で処刑されたのでしょう」（大道寺将司『死刑確定中』）

あれだけの著作を残した永山だが、遺書はなかった

ここに書かれている死刑囚の声こそ、永山のものではないかと言われている。当日は２名が東京拘置所で処刑されているが、１人目の死亡時刻が８時59分、そして永山は10時39分だった。

逮捕から29年。永山にとって処刑は「不意打ち」にしか映らなかったのだろうか。この執行は、当時世間の注目を集めていた、14歳少年Aによる「神戸連続児童殺傷事件」との連関も指摘されている。凶悪な少年犯罪への怒りが充満する時期の処刑ならば、批判も少ないことを見越した恣意的な執行との説であるが、当局はそれを否定している。

「網走番外地」に生まれた極貧の少年時代

1968年10月から11月にかけ、東京、京都、名古屋、函館でホテルのボーイ、タクシー運転手らが無差別にピストルで射殺されるという事件が発生した。

翌年4月7日、拳銃を持った男が東京・代々木の路上で職務質問され、逮捕された。19歳の少年、永山則夫だった。

永山は1968年10月に横須賀の米海軍基地に侵入、ピストルを盗んだ。最初の殺人は、東京プリンスホテルのボーイだった。拳銃を所持していた永山を誰何したボーイが、永山のもとへ歩み寄った。窃盗容疑で保護観察中だった永山は、もしここで拳銃を持っているのがばれたらまずい、という一心で引き金を引いてしまう。こうなるとあとの殺人は「成り行き」に過ぎなかった。

「網走番外地」の極貧家庭に生まれ、中学を出ると集団就職で東京へやってきた永山の生い立ちには同情が集まった。だが、少年とはいえ4人を殺した結果責任をどうとらえるのか。司法は難しい判断を迫られた。

1審は死刑、2審、無期懲役。だが最高裁は高裁判決を差し戻し、差し戻し控訴審は「死刑」。これにより、永山は戦後初の「最高裁差し戻し死刑判決」確定となったのである。

獄中で、永山は『無知の涙』『木橋』といった作品を出版し、ベストセラーにもなった。

自分をこうさせた「無知」を憎むという永山の独白は、時代の中で一定の説得力を持っていたが、一方で独善的とも言える主張を展開し、支援者や弁護団と摩擦を起こすことも多くなっていた。

永山は、生涯の半分以上を独房で過ごし、48歳で処刑された。だが、残された作品はいまなお死刑文学の傑作として読み継がれ、死刑制度を考えるうえでの最良のテキストであり続けている。

永山則夫の言葉

「印税は貧しいペルーの子供たちに」

File 16

大久保　清

大久保清事件（1971年）

死刑確定　1973年2月22日
死刑執行　1976年1月22日（享年44）

「クーペに乗った画家」の正体

大久保清の異常な性衝動は、後に精神鑑定にかけられたことでも分かるように、常軌を逸したものであったとしか言いようがない。

小学6年生のとき、大久保は早くも近所に住む幼女の性器に石を詰めるという性犯罪を起こしている。

最初の強姦事件を起こしたのは1955年、20歳のときである。大学生になりすまし、17歳の女性を公園で口説き始めるや、突然豹変して暴行。大久保は逮捕されたが、執行猶予がつく。しかしその1カ月後にはまた暴行未遂事件を起こし、3年6カ月の実刑判決を受けるのである。

出所後の1966～67年にも強姦事件を起こし、再び刑務所へ。そして1971年3月に府中刑務所から出てきた大久保清（36歳）は、完全な野獣と変身していた。「仕事に使う」と言って両親にクーペの新車を買ってもらうと、画家になりすましてナンパを開始。刑務所から出所したばかりの3月31日から5月10日までの間に、12　7人の女性に声をかけ、35人が車に乗り、少なくとも20人が強姦され、8人が殺された。

現場検証に同行する大久保

大久保の手口はこうだった。

「画家をしていますが、モデルになってもらえませんか？」

一見甘いマスクの大久保に騙され、女性が車に乗り込むと、話もそこそこにモーテルや雑木林、あるいは車内で姦淫する。抵抗したり、下手に拒否すれば首に手をかけた。

1971年5月13日、21歳の

女性をターゲットにしたところで、不審に思った女性の親に追跡、通報され、車のナンバーから足がついて大久保は逮捕された。

「どうせやるのなら徹底的に」

「今度の犯行は兄のせいだ。4年ぶりに娑婆に戻ったおれは、妻子との平穏な生活を夢見ていた。それなのに、兄は妻に、子供のためにも別れたほうがいい、とお節介をやいて、実家に帰らせた。兄を殺そうと決心したが、1人殺すも何人殺すも同じだ、どうせやるのなら徹底的にやってやろう、嘘つき女たちと官憲にも復讐してやるという気になってしまったんだ」（福田洋『現代殺人事件史』）

だが大久保は強姦については自供するものの、肝心の殺人についてはなかなか自供しない。

「この男はいったいどこまで殺ってるんだ」

焦った警察は、押収した大久保のクーペの中に残っていた体毛、毛髪をあらいざらい採取し、気の遠くなるような照合を始めた。その結果、少なくとも大久保が8人の女性を殺している確証が高まった。

取り調べ慣れしている大久保は、のらりくらりとあいまいな自供を続けてきたが、事実をぶつける警察にとうとう殺人の詳細を告白した。

遺体は大久保の自供どおり、群馬県の山中などから発見され、8人の身元が確定した。獄中から、大久保は『訣別の章』を出版。死を恐れていない、堂々と死ぬと強がった。メディアは凶悪な性犯罪を大きく書き立て、大久保の名は有名になった。

1973年2月22日、前橋地裁で死刑判決が出ると控訴せず、そのまま死刑が確定した。だが、そんな虚勢とは裏腹に女を犯し、殺し続けた大久保の最期は相当「女々しい」ものであったようである。

刑の執行当日朝、大久保は「お迎え」の声を聞くとガチガチと体を震わせ、腰を抜かして失禁してしまう。両脇を刑務官に抱えられ、刑場へ引き立てられても、怯え、いやがるだけで「最後の言葉」もなかったという。

大久保 清の言葉

「春に捕まって、夏に調べと闘い、秋に自供して、冬に死ぬ」

File 17

連合赤軍事件（1971〜72年）

坂口弘

死刑確定
1993年2月19日
死刑執行
未執行

「共犯者の逃亡」でいまなお執行されず

日本の学生運動を象徴する「連合赤軍事件」。死刑判決を受けた連合赤軍幹部の坂口弘と永田洋子は、かつて事実婚の関係にあった「同志」だった。長らく脳腫瘍を患っていたと伝えられる永田は2011年、65歳で病死。そして坂口は、いまも執行されぬまま東京拘置所で「その日」を待つ身だ。

原則論として、1つの事件で2名以上の死刑確定者が出た場合、どちらか一方を先に死刑執行するということはない。

例外もあり、1979年から1983年にかけて起きた「名古屋保険金殺人事件」の場合は、共犯の竹内（長谷川に改姓）敏彦、井田正道が別々に処刑された。

これは井田が上告せず竹内より６年早く死刑確定したためで、このときは井田が１９９８年11月に執行、竹内も２００１年12月に執行されている。

連合赤軍事件の場合、永田洋子死刑囚が長く闘病し、事実上執行は難しい状況にあったことに加え、共犯者の１人である坂東國男が１９７５年の「クアラルンプール事件」で超法規的措置により国外に脱出、公判が停止している。皮肉にも、坂口は「同志」の逃亡によって執行が先延ばしにされている状況だ。

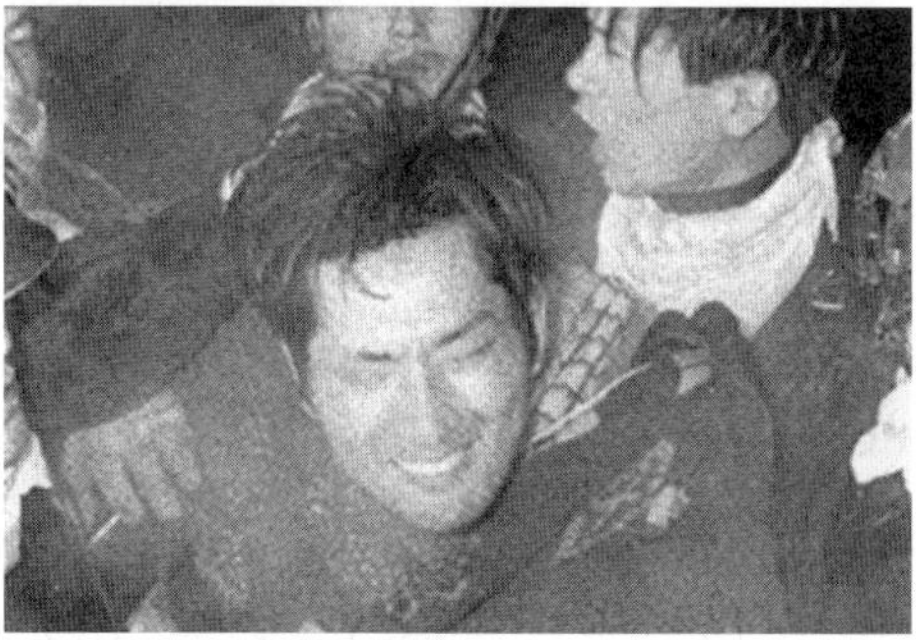
逮捕から約40年になる坂口弘

「連合赤軍事件」とは、１９７１年から１９７２年にかけ、連合赤軍内で起きた「内部リンチ殺人」、および「あさま山荘事件」における警官・民間人射殺事件などを指す。
永田洋子（27歳）は１９７２年、群馬県の榛名山ベースと長野県の迦葉山ベースで「総括」と呼ばれるリンチを加え、11名のメンバーを殺害した（「山岳ベースリンチ事件」）。このとき永田とともにリンチにかかわったのが同じく幹部の森恒夫（27歳）と坂口弘（26歳）である。

森と永田は1972年1月17日、群馬県の妙義山で警察官に発見され、逮捕される。翌年1月1日、連合赤軍のリーダーだった森は東京拘置所内で首吊り自殺した。

一方、坂口ほか5人のメンバーは2月19日、群馬県軽井沢町にある河合楽器の保養所「あさま山荘」に侵入、10日間にわたり立てこもった。このとき、銃撃戦で警官2名と民間人1名が死亡。攻防の様子がテレビ中継され、視聴率はＮＨＫと民放合わせて90％を超えた。しかし、機動隊の突入でメンバー5名は逮捕され、今度は法廷での「総括」が始まることになる。

「釈放のチャンス」を拒否した男

公判が始まっていた1975年8月4日、「日本赤軍」がクアラルンプールのアメリカ大使館を占拠し、活動家らの釈放を要求。「あさま山荘事件」で逮捕された坂東國男は脱出したが、坂口は、釈放要求がありながら拘置所から出ていかなかった。そのとき国際電話に出た坂口は、「君たちは間違っている。私は出ていかない。君たちは大衆の支持を得ることはできないであろう」と話したと言われる。坂東の公判は停止したままである。

坂口、永田とともに1993年2月19日、死刑確定。坂口は自ら「あさま山荘」事件を綴った『あさま山荘1972上・下』（彩流社）を出版。また、朝日新聞へ意表を突く短歌の投稿をして話題になったこともある。

「あさま山荘事件」の民間人死亡は医療ミスが原因だったとする再審請求は、2006年11月、棄却された。

事件当時、あさま山荘の前で息子に銃を捨てるよう呼びかけ、死刑確定後も坂口を長年支えた実母の菊枝は2008年、93歳で他界した。

坂口は母の死去に際しこう述べている。

「無私の恩愛に、私は在り来りの言葉では言い尽くせぬ深い感謝の気持ちを抱いています。母の存在抜きにして今の自分があることは考えられません」

坂口弘の言葉

「もはや暴力革命を起こす時期ではない」

File 18

大浜松三

ピアノ騒音殺人事件(1974年)

死刑確定 1977年4月16日
死刑執行 未執行

「騒音」をめぐる惨劇

1974年8月28日。蒸し暑い夏の朝、事件は起きた。

この日も、神奈川県平塚市の県営団地3階の奥村家からは、長女の練習するアップライト・ピアノの音色が聞こえてきた。

「わざとやってるんだ！　もうやるしかない……」

その天井すぐ上に、異様な目で1週間前に買った刺身包丁を握りしめる男がいることを、知る者は誰もいなかった。

失業保険で暮らす大浜松三（46歳）に愛想を尽かし、妻は実家に帰っていた。金もない、暑い、うるさい……大浜の凶暴性はその日の朝、頂点に達した。

午前9時過ぎ。奥村家の主人が出社し、妻がごみを出しに出た隙を狙って、大浜は、いきなり階下の家に押し入った。

まず、ピアノを弾いていた長女（8歳）を包丁で刺して殺害。続いて次女（4歳）も包丁で刺し、絞殺した。大浜はマジックを取ると、フスマにこう書き始めた。

〈迷惑かけるんだから、スミマセンの一言位言え、気分の問題だ、来た時アイサツにもこないし、馬鹿づらしてガンとばすとは何事だ、人間殺人鬼にはなれないものだ〉

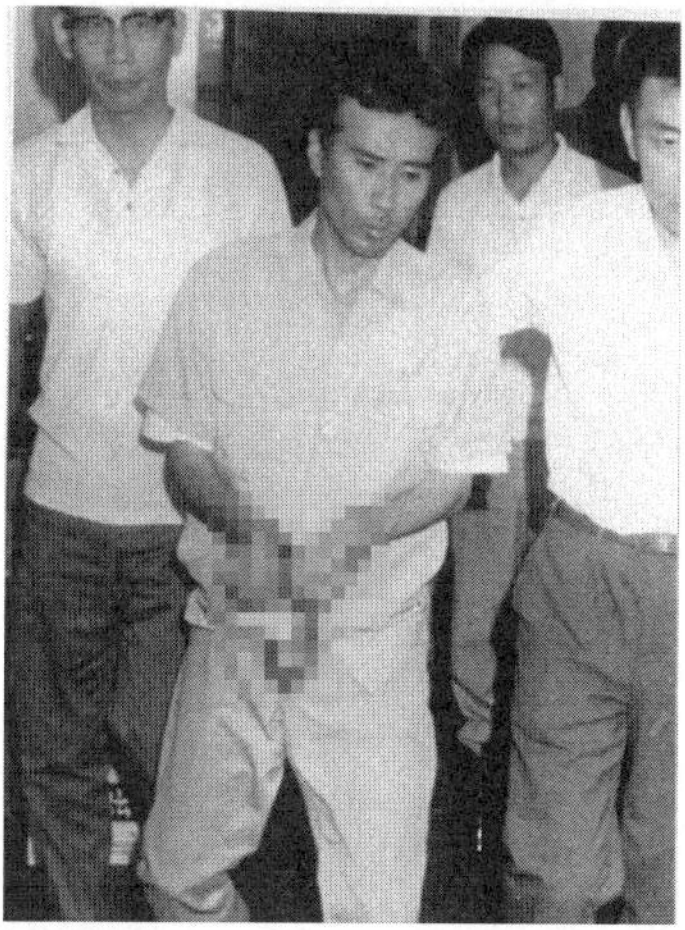
「志願の死刑」と話題になった大浜だが、いまなお生きている

ここまで書いたとき、妻が帰ってきた。妻の胸にも包丁を刺し、絶命させた。大浜はそのまま逃亡したが、3日後、平塚署に出頭した。

事件が世間に与えた衝撃は大きかった。ピアノブームの折、住宅環境をめぐるトラブルは増えていたが、それが時に殺意に発展するほど憎悪をかき立てるものだと知ったとき、「知らない隣人」に対する不安は一気にリアリティを持ち始めたのである。

大浜は神経質な男で、特に「音」に関しては極度な反応を見せた。

階下の奥村家にも再三再四抗議に訪れており、ピアノの音はもちろん、足音や窓の開閉などの生活音から、日曜大工、鳥の鳴き声に至るまで、苦情の対象にした。逆に自分はテレビもイヤホン、洗濯機も手洗いといった具合。その極端な静寂への固執は、誰一人として理解できないレベルのものであった。

階下からピアノの音が聞こえると、外出して図書館に行ったりして時間を過ごしていた大浜であったが、なぜ、自分がここまで苦しまなければならないのかと考え抜いたとき、「相手を殺して自分も死ぬしかない」という結論に行き当たったのだった。

生かされる「自殺志願」の男

心神耗弱の可能性もあった大浜であったが、1975年10月、1審死刑。そもそも「死刑」を自ら望んだ大浜に、不満はなかった。

「騒音被害者の会」などの支援を受け、いったんは控訴するが、今度は拘置所内の物音に耐えられず、弁護士にも相談することなく1977年4月16日、自ら控訴を取り下げて死刑を確定させた。

だが、それから40年余。皮肉なことに90歳を過ぎた大浜はまだ執行されず、拘置所内に幽閉されていると見られる。

2003年に新しくなった拘置所は、「音」でいうと、防音性は旧獄舎より高くなっている。しかし、ここまで大浜が「処刑」されない理由は1つしかないであろう。それは、深刻な精神崩壊、拘禁ノイローゼにかかっている可能性である。

「自殺」の手段としての殺人を犯した男がいまなお「生かされ続ける」矛盾に、誰が答えを出してくれるのだろうか。

大浜松三の言葉

「自殺したいができないので、国の手で殺してほしい」

File 19

連続企業爆破事件（1971〜74年）

片岡利明（現姓・益永）

死刑確定　1987年3月24日
死刑執行　未執行

聞き入れられなかった「爆破予告」

片岡利明（益永に改姓）、大道寺将司は「東アジア反日武装戦線〈狼〉」のメンバーとして、1970年代初めに過激な爆弾闘争を展開した。

両者が問われた罪は計9件の爆破事件であるが、とりわけ、死者8人を出した「三菱重工ビル爆破事件」が彼らを死刑に導いたと言っていい。

1974年8月30日、東京・千代田区の三菱重工ビルに仕掛けられていた時限爆弾が爆発。8人が死亡、300人以上が負傷した。

爆発の8分前、大道寺がビル管理室に「予告電話」をかけている。後に「殺意の否認」の根拠とした行動である。

「爆弾を2個仕掛けた。すぐに道路上の人、ビル内の人を避難させなさい。これはいたずらではない……」

ところが、応対した男は電話を切ってしまう。ビル受付に電話をかけなおしたが、すでに避難する時間の余裕は残されていなかった。窓ガラスが吹き飛び、昼時のオフィス街が地獄絵図と化した。

「予想外の爆発力だった」と後に大道寺らが公判で主張した三菱重工ビル爆破事件（右が片岡利明）

その後も、断続的に「東アジア反日武装戦線」による企業爆破が続けられたが、被害は何と言っても三菱重工ビルが最大であった。
翌1975年5月19日。警視庁公安部は、都内アパートに潜伏していた8人のメンバーを一網打尽に逮捕した。佐々木規夫（26歳）、大道寺将司（26歳）、妻の大道寺あや子（26歳）、片岡利明（26歳）、斉藤和（27歳）、浴田由紀子（24歳）、黒川芳正（27歳）、荒井まり子（24歳）である。
メンバーには、「逮捕された場合は青酸カリを飲み自殺する」という不文律があると言われていたが、このうち斉藤だけが、取り調べ前に青酸カリ入りカプセルを飲んで自殺した。

公判に入り、2つの大きな事件が起きた。「クアラルンプール事件」（1975年8月4日）と「ダッカ事件」（1977年9月28日）である。

日本赤軍が、人質を盾にメンバーの釈放を要求したこの2つの事件で、まず1975年に佐々木が出国。1977年にも大道寺あや子、浴田由紀子が超法規的措置により出国した。佐々木と大道寺あや子は現在も逃亡中。浴田は1995年にルーマニアで拘束され懲役20年が確定、すでに出所している。

残された大道寺将司、片岡、黒川、荒井の公判が先に進み、1987年3月24日、大道寺と片岡が死刑、黒川は無期懲役、荒井は懲役8年が確定した。大道寺と片岡は、三菱重工ビル事件で爆発物の製造や仕掛けを担った実行犯であったことが「死刑」の直接的な理由となった。

「生きるもよし、死ぬもよし」

死刑確定から30年以上が経過した2017年、再審請求中だった大道寺が獄中で多発性骨髄腫のため病死した。68歳だった。

残された片岡も本来、いつ執行があってもおかしくないが、連合赤軍事件と同じで、共犯者が国外逃亡中とあっては死刑を執行することは難しいと思われる。片岡の手紙などを掲載している『ごましお通信』に、本人の心情が掲載されている。
「刑の執行について今の私の気持をいえば……、私としては、30年間を全力で走り抜いてきたのだから、いつ刑の執行があっても悔いはない、というところかな。もちろん、生きることが許されるなら生きて償いたいと思うけれど、刑が執行されるのなら、それもまた、私が始めてしまったことに対するひとつの責任のとり方であり、私の闘いの完結の形になるのだろうと考えています。だから、〝抵抗のための抵抗〟はしたくない。生きるもよし、死ぬもよしという気持なのです（ただし、死刑廃止の主張は変わりません。私にとって、死刑廃止運動は自分が生きのびるための方便ではないのです）」

片岡利明の言葉

「この揺れ動く気持について直に話し合える相手がいないのは淋しいことですね」

File 20

大森勝久

北海道庁爆破事件(1976年)

死刑確定 1994年7月15日
死刑執行 未執行

消えた「幻の共犯者」

死刑囚の拘置先は全国7カ所であるが、大森勝久は2019年7月現在、札幌拘置所に2人いる死刑囚のうちの1人である。もとより、ほかの受刑囚との交流が禁じられている死刑囚とはいえ、同じ境遇の人がほとんどいないというのは心細いことのはずである。

しかし、そこは活動家の不屈の精神力か、大森はいまでも活発に思索と発言を続けている。かつて信じた革命の夢は捨て去り「爆弾闘争は間違いだった」「反共」「保守主義者」として生まれ変わったのには驚かされるが、それでも無実を訴え再審請求を続けている。

1976年3月2日。この日は、1899年に制定された「北海道旧土人保護法」の制定日に当たる日であった。

同日朝9時過ぎ、北海道庁1階ロビーにて仕掛けられていた時限式消火器爆弾が爆発。2名の職員が死亡、95名が重軽傷を負った。その後、札幌市内の地下鉄コインロッカーから「東アジア反日武装戦線」名の犯行声明が見つかった。

「道庁を中心に群がるアイヌモシリの占領者どもは、第一級の帝国主義者である」

当初、公安警察がマークしていたのは「部族戦線」リーダーだった加藤三郎だったとされる。しかしその交友関係を洗っていくうちに浮上したのが大森勝久（26歳）であった。

午前9時の登庁時の爆発で大混乱が起きた

大森は1972年に岐阜大学を卒業すると、アイヌ問題に関心を寄せ、北海道に移住していた活動家だった。1976年8月10日、道警は大森を爆発物取締法違反の容疑で逮捕すると、道庁爆破事件について追及。大森は黙秘したが、9月1日、道庁爆破で再逮捕された。

また警察庁は加藤三郎を共犯者として指名手配した。加藤は後に逮捕され、別の爆破事件で懲役18年の刑が確定しているが、この道庁爆破事件とは切り離された。

大森は、公判に入ると一貫して無実を主張した。しかし、自分の犯行ではないと言いつつも道庁爆破を積極的に肯定するような発言もあった。1983年3月、札幌地裁は大森に死刑判決を下す。そして1994年7月15日、大森の死刑が確定した。

獄中で「転向」を果たした死刑囚

大森は2002年、逮捕の決め手となった北海道警の証拠が捏造されたとして再審を請求。2007年3月19日、大森の再審請求は棄却された。大森の主張の1つは、爆弾製造に必要な「除草剤」反応の検出は道警の捏造であるというものである。

大森は、支援者が運営するHPの中で、このように述べている。

「道警が証拠を捏造しなければ、私は逮捕されることはありませんでした。少なくとも起訴されませんでした。そうすれば私は、地下に潜って、反日亡国の非合法闘争（テロ）を戦っていったことは間違いありません。道警は日本社会を防衛したのでした。このことは確かです。だから、保守主義者に転向してかつての自分の思想・行動を全面否定している私は、当時のデッチ上げを非難する気持ちは全くありません。私が狂った左翼思想を自己否定して転向することが出来たのも、デッチ上げ逮捕・起訴・判決があって、獄中で1人で沈思黙考することが出来たからでした。しかし私は左翼思想を否定し転向を成し遂げました。もはや裁判に『社会防衛』の観点は不要です。すみやかに再審開始決定がなされなくてはなりません。私はかつての誤りに満ちた左翼としての自己の言動に対して責任をとっていくためにも、自由な祖国日本とその法のために、全力を尽くして貢献していきたいと考えています」

思想的には「転向」を果たした大森であるが、死刑を逃れたいという気持ちは変わっていない。もっとも戦後、活動家による殺人、爆破事件で死刑が確定したケースは複数あるが、実際に執行されたケースはまだない。再審を訴える大森の主張がどのように受け止められるのかが注目される。

大森勝久の言葉

「反日左翼と戦うためには刑の執行を阻止しなくてはなりません」

File 21

長野・富山連続誘拐殺人事件（1980年）

宮崎知子

死刑確定　1998年9月4日
死刑執行　未執行

戦後7番目の女性死刑囚

富山県に住む宮崎知子（34歳）は、離婚して一児とともに暮らしながら、「北陸企画」というギフトショップを経営していた。また、年下の既婚者Aさん（28歳）と愛人関係にあり、愛人との遊興費などで300万円の借金をかかえていた。

だが、借金がかさみ、会社の倒産が目前に迫ると、せっぱつまった宮崎は目先の金を得るために身代金誘拐計画を立てる。

1980年2月23日、赤い「フェアレディZ」に乗った宮崎は、富山市内で帰宅途中の女子高生に声をかける。

「いいアルバイトがあるんだけど」

女性から声をかけられたことで、女子高生も警戒せず車に乗り込んだ。その日、宮崎は会社に女子高生を泊まらせると、翌日、さっそく身代金要求の電話をかける。しかし、耳の遠い祖父が出たため趣旨が伝わらない。そのうち、女子高生が家に帰ると言い始めた。

「いま帰られてはまずい」

動転した宮崎は、フェアレディに女子高生を乗せた後、睡眠薬を飲ませて絞殺。遺体を岐阜県の山中に捨てた。女子高生は、宮崎の会社の連絡先を家族に告げていた。心配した母と警官が会社にやってきたのを見て、宮崎は知らぬふりを演じたものの、ますます焦燥にかられる。

宮崎は最初の殺人を隠すために、さらに金が必要になっていた。今度は愛人のAさんを巻き込み、長野で誘拐殺人を試みる。Aさんには、もちろん殺人計画は明かしていない。

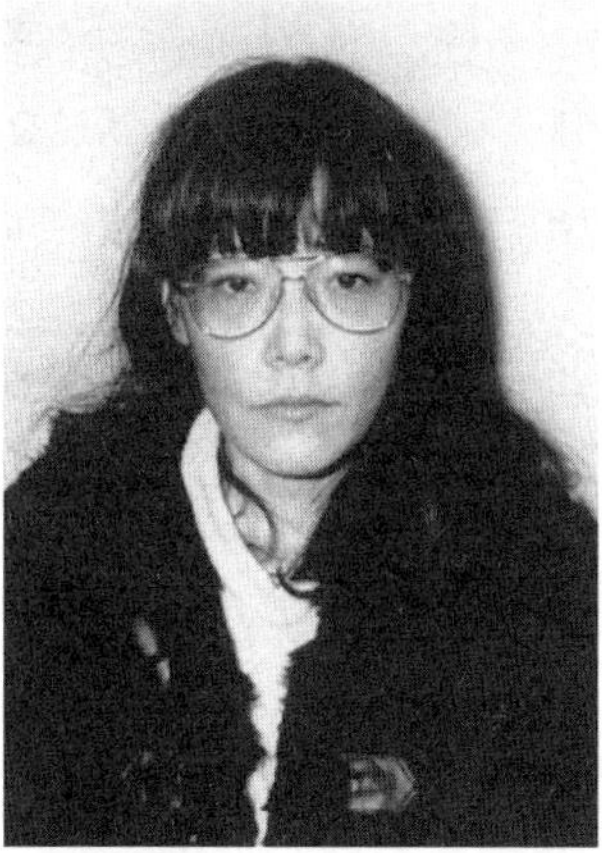

IQ138の秀才・宮崎知子

3月3日、宮崎は長野市内のOL（20

歳）をフェアレディに乗せるとすぐに殺害。家族に身代金3000万円を要求する電話をかける。

だが、刑事の張り込みが厳しく現金の受け取りには失敗。富山へ戻ったところ、待ち受けていた刑事に宮崎は逮捕された。

共犯者の関与をめぐる謎

公判が始まると、宮崎の供述は二転三転し、なかなか前に進まない。最大の争点はAさんの事件への関与だった。

宮崎の供述により、1審では検察も、殺害実行犯は2件とも男性と主張した。しかし男性は完全にそれを否定。両事件とも宮崎の単独犯であるとした。そして宮崎は、1件目の殺人は自分で、2件目は男性の単独犯行だという。結局、検察も途中から「事件はすべて宮崎の単独犯」と主張を変更。

1審では「宮崎死刑、男性無罪」が言い渡された。その後も宮崎の主張は変遷したが、判決だけは最後まで変わらず、1998年9月4日、宮崎の死刑が確定した。

そのときの心境。

「死刑なら死刑でいいのです。『100のうちおまえのやったのは、60の事項であるが、それが死刑に相当する』と言われるのなら納得もできます。『100の事項につき、1つ残らず全部』私がやったとするのは、いくら何でもひどいもので到底納得できるものではありません」

死刑ならそれでもいい、とはいうものの、宮崎は死刑廃止を強く訴えている。男性と獄中結婚し、改姓した後に再び宮崎姓に戻したこともある。

「昔と違い、現在は島では脱走が容易ですから、無理でしょう。そこで、陸の中での島流しを考えた場合が（死刑囚の）専用施設ということになります。つまり、塀の中への島流しです。これが現実性において、最も優れた代替案と言えます」

逮捕から40年、確定から22年。執行の可能性は非常に高いレベルにあるが、「戦後7番目の女性死刑囚」は、現在も再審請求中である。

宮崎知子の言葉

「この世はお金持ちだけが幸せになれる。絶対に」

File 22
女子大生誘拐殺人事件（1980年）
木村修治

死刑確定
1987年7月9日
死刑執行
1995年12月21日（享年45）

「本当の自分を生きたい」

1995年12月21日、暮れも押し迫ったこの時期、木村修治死刑囚の家族がいつものように名古屋拘置所に面接に訪れた。しかし、立て込んでいることを理由に面会は拒否される。

「午後になら、会えますから」

午後、再び拘置所に出向くと、家族はそこで自分たちが「遺族」になったことを知らされた。この日午前、木村は処刑台に立っていたのである。恩赦出願の決定の通知を知らされないままの執行だった。

時は1980年にさかのぼる。

木曽川で早百合さんを捜索。
遺体発見は事件発生から半年後だった

獄中で罪を悔いた木村だったが、
遺族の被害感情は最後まで苛烈だった

12月12日、名古屋市に住む大学3年生、戸谷早百合さん（22歳）は午後6時に自宅を出た。早百合さんは英語の家庭教師の仕事を求め新聞に告知。前日、「お願いしたい」という電話を受けていたのだった。

その夜、戸谷家に不吉な電話が入った。

「娘さんは預かっている。３０００万円を用意してほしい」

翌13日、早百合さんの父と刑事は、１０００万円が入ったカバンを持ち、受け渡し現場へ向かうが、指示が書いてあるメモを置いたという東名阪自動車道の非常電話ボックスを探すのにとまどって、結局その日犯人との接触は成立しなかった。その後も犯人からの接触は続いたが、いずれも警戒されて受け渡しは失敗。16日を境に、犯人からの電話は途絶えた。

警察は、ここで公開捜査に踏み切り、犯人とのやりとりを録音したテープを公表して広く情報を呼びかけた。美人女子大生と、その誘拐劇にマスコミが飛びつき、事件は連日大々的に報道された。

1981年1月20日、元寿司店店員の木村修治（30歳）が逮捕された。決め手は「声が似ている男がいる」との情報提供だった。

木村はギャンブルなどで3000万円の借金があり、早百合さん殺害を自供。暴力団から追い込みをかけられ、せっぱつまっての凶行だった。

「慌てて」被害者を絞殺

誘拐当日、早百合さんを車内で縛り上げた木村だったが、脅迫電話をかけたあと怖くなり、早百合さんをいったん解放しようとしていた。相当車を走らせたところで早百合さんを降ろし、「おれが車で走り去ってから帰るんだぞ」と言ったが、早百合さんは木村が車に乗り込む前に走り出し、慌てた木村はロープで絞殺してしまったのだった。遺体は木曽川べりに放置したと供述したが、早百合さんの遺体が見つかったのは、事件発生から半年後のことであった。

たとえ被害者が1人でも誘拐、身代金目的がつくとたいていの場合、死刑になる。ましてや愛娘を失った遺族の被害感情は非常に強かった。

当時、愛知県警の捜査一課にいた刑事は後に「残酷な犯罪を犯しただけに、どんなやつかと構えていたが素直な人間だった。人間性は残っていると思った」と語っている。

1987年7月9日、死刑確定。獄中で知った部落解放の「水平社宣言」、そして死刑反対運動のグループ「麦の会」が木村の心の支えとなっていた。木村の遺品は段ボール箱で14箱。年末に執行された木村の遺品からは、翌年の正月に向けて準備していた年賀状10枚が見つかったという。

「謹んで新春の御祝詞を申しあげます。皆様に支えられて新しい年を迎えられたことに感謝し新たな日々に向き合っていきたいと思っています。本年も宜しく御願い申しあげます。1996年1月1日」

木村修治の言葉

「生きて罪を償いたい。自分がなぜこんなことをしたか分かってもらい、二度とこうした事件が起きないよう役立ちたい」

コラム

「オウム真理教」死刑囚13人の最後

計画的に実施された「平成最後の大執行」

2018年7月6日、オウム真理教事件の死刑囚7名の死刑が執行され、7月26日には同じく6名の執行があった。教祖・麻原彰晃（松本智津夫）の死刑執行により、戦後最大の宗教事件と呼ばれたオウム真理教事件に大きな区切りがつけられることになった。

このオウム死刑囚の執行は、法務省にとって大きな懸案事項だった。司法記者が語る。

「執行が政治に大きな影響を与えることや、実務としての同日大量執行の問題など、タイミングや方法を適切に判断するのが難しかったはずです。2019年には改元や国政選挙、東京五輪が控えていることから、〝平成のうちの執行〟は暗黙の合言葉となっていました」

事件から20年以上が経過し、執行に向けての大きな障害は除去されていた。逃亡していた平田信、菊地直子、高橋克也が2012年に相次いで逮捕され、それぞれ刑が確定。裁判の証人として死刑囚が出廷する必要はなくなっていた。

法務省は高橋克也の無期懲役刑が確定した直後の2018年3月、7名のオウム死刑囚を全国の死刑執行設備のある拘置所に移送させた。それぞれの移送先は次のとおりである。

◎東京拘置所（移送なし）……麻原彰晃、土谷正実、遠藤誠一、豊田亨、端本悟、広瀬健一

◎仙台拘置支所……林泰男（小池に改姓）

◎名古屋拘置所……岡崎一明（宮前に改姓）、横山真人

◎大阪拘置所……井上嘉浩、新實智光

◎福岡拘置所……早川紀代秀

この移送は「死刑準備」の地慣らしが始まったとして、支援者や死刑廃止運動にかかわる関係者を大いに警戒させた。同じ拘置所で同時に死刑を執行できる人数には限りがあり、同日に執行するには死刑囚を分散させるほかないからである。

また、2017年7月と12月には、合わせて3名の死刑囚が、再審請求中にもかかわらず執行された。「再審請求中の執行はない」という慣例を覆す執行に、「オウム死刑囚の執行を前にした前例作りではないか」との見方が広がった。執行直前の段階において13名のオウム真理教事件死刑囚のうち、10名が再審請求中だった。

死刑囚が全国に移送された理由について、一部は獄中結婚した配偶者の地元であったり、生まれ故郷に近い場所を選ぶなど、面会等の利便性を考える配慮はあったようである。

速報された「麻原の死刑」

2018年7月6日、当日朝からメディアは「麻原ほか死刑執行」のニュースを速報で伝えた。この日執行されたのは麻原、早川、井上、新實、土谷、中川、遠藤の7名。東京拘置所では3名が執行された。

オウム死刑囚13人

死刑囚（執行時年齢）	死刑執行日	死刑確定日	執行拘置所
麻原彰晃（松本智津夫＝63）	2018年7月6日	2006年3月27日	東京
早川紀代秀（68）	2018年7月6日	2009年7月17日	福岡
井上嘉浩（48）	2018年7月6日	2009年12月10日	大阪
新實智光（54）	2018年7月6日	2010年1月19日	大阪
土谷正実（53）	2018年7月6日	2011年2月15日	東京
中川智正（55）	2018年7月6日	2011年11月18日	広島
遠藤誠一（58）	2018年7月6日	2011年11月21日	東京
岡崎一明（宮前に改姓＝57）	2018年7月26日	2005年4月7日	名古屋
横山真人（56）	2018年7月26日	2007年7月20日	名古屋
端本悟（51）	2018年7月26日	2007年10月26日	東京
林泰男（小池に改姓＝60）	2018年7月26日	2008年2月15日	仙台
豊田亨（50）	2018年7月26日	2009年11月6日	東京
広瀬健一（54）	2018年7月26日	2009年11月6日	東京

これは、残された6名の死刑囚にとって、残酷な措置だった。共犯の死刑囚の執行がそう遠くに設定されるはずもなく、いわば自分たちも間をおかずして執行されるという事実上の「告知」となってしまったからである。

残されたオウム死刑囚の自殺を防ぐため、拘置所はタオルや筆記用具すらも貸し出し制にするなど、徹底して24時間監視。そして20日後の7月26日、残る6名にも「お迎えの日」がやってきた。

ここでは、これまでに伝えられたオウム死刑囚たちの「最後の様子」をまとめてお伝えしていくことにする。

死刑執行に立ち会うのは拘置所長と担当刑務官、教誨師、検察庁の検事、医師らだが、医師や検事は出房から刑場への連行、執行前の様子までをつぶさに観察するわけではない。

死刑囚の最後の様子を知る者は、刑務官や拘置所長、死刑執行に関する書類を作成する関係者、さらに遺言などを伝え聞く立場の死刑囚の遺族だけである。オウム真理教事件は、社会的に関心度の高い事件であったため、拘置所サイドがオフレコで司法記者クラブに幹部死刑囚の「最後の様子」について、取材する場を設けたと見られ、各紙がある程度共通の情報を伝えている。

大きな罪を犯した死刑囚たちが、最終的にどのような覚悟で刑に臨んだかを知ることは、彼らの事件への向き合い方を象徴的に示す部分であるだけに、大きな公益性があるとも言える。もちろん、もう少し時が経てば、彼らのそれぞれの「死の受容」のあり方について、詳細な証言が得られる可能性はある。

「教祖」執行前の最後の一問一答

まずは、**麻原彰晃**（享年63）である。

いつものように朝食を終えた麻原は、朝7時40分ごろに突然、出房を命じられる。麻原は抵抗することもなく刑場に連行されたという。

7時50分過ぎ、死刑の執行が告げられる。

「お別れの日が来ました。教誨はどうしますか」

一応、宗教家を自称していた麻原に「教誨」とは皮肉なことこの上ないが、麻原は無言だったという。

「じゃあやらないんだね。言い残したことはある？」

「……」

「遺体の引き取りはどうする？」

「……」

何も答えない麻原に刑務官が問いかけた。

「誰でもいいんだぞ。妻とか、次女、三女、四女……」

するとここで麻原が反応した。

「ちょっと待って」

麻原は少し考え、こうつぶやいた。

「四女」

刑務官が念を押して確認した。

「四女だな」

すると麻原は「グフッ」といった声を出したが、その後遺言のようなものはなく、淡々と死刑が執行されたという。

だが、麻原が「四女」を指定したという話を信じられないという人間もいる。2008年以降、親族、弁護士を含め誰も面会できない状態だった麻原の精神状態は誰にも分からず、本当にそのようなコミュニケーションが取れる状態だったのか、確かに疑わしい部分はある。麻原の遺骨は引き取りをめぐって紛糾し、いまも東京拘置所に保管されている。

麻原のあとに続けて執行されたのは、**土谷正実**（享年53）だった。筑波大の大学院で化学を専攻した土谷はサリン製造の中心的人物であったが、麻原への信仰心はまったく消え去っていたという。

２００８年に土谷と獄中結婚し、面会を重ねていた夫人が『週刊新潮』（２０１９年7月11日号）で次のように語っている。

「（執行の告知は）いきなりでビックリはしていたそうですが、事を理解すると〝今日がそうなのか〟と大人しく刑場に向かっていったそうです。唯一、悔やまれることがあるとすれば、あの日、東京拘置所での執行が麻原と一緒になってしまったこと。荼毘に付されたところまで一緒でした。あれだけ憎んでいた麻原と最期まで同じだったとは……。執行を受け入れていたと思いますが、それだけは心残りだったのではないでしょうか。最期は、私の名を呼びながら刑に臨んだそうです」

そしてこの日、3番目に執行されたのは**遠藤誠一**（享年58）だった。京大大学院で学んだエリートの遠藤は、教団で違法薬物やサリン製造に従事した。

遠藤の執行前の様子や遺言は報道されていない。だが、遠藤の遺体は13名の死刑囚のなかで唯一、後継団体のアレフに引き取られている。その後、火葬された遠藤の遺骨は、故郷の北海道・小樽の海に散骨された。

「こんなことになるとは思っていなかった」

大阪拘置所で**井上嘉浩**（享年48）の死刑が執行されたのは午前8時ごろのことだったという。拘置所で同じ階に収容されていた未決囚が、刑場へ向かう井上を見てこう書いている。

「前を通り過ぎようとした時、目が合った。泰然自若。動揺することなく、至極立派な態度で去っていった」

井上は1審で無期懲役判決を受けながら、控訴審で死刑となり、最終的に死刑が確定した。

執行直前、刑務官からこう言われた。

「お父さん、お母さんに何か伝えることは」

すると井上はこう語ったという。

「お父さん、お母さん、ありがとうございました。こんなことになるとは思っていなかった」

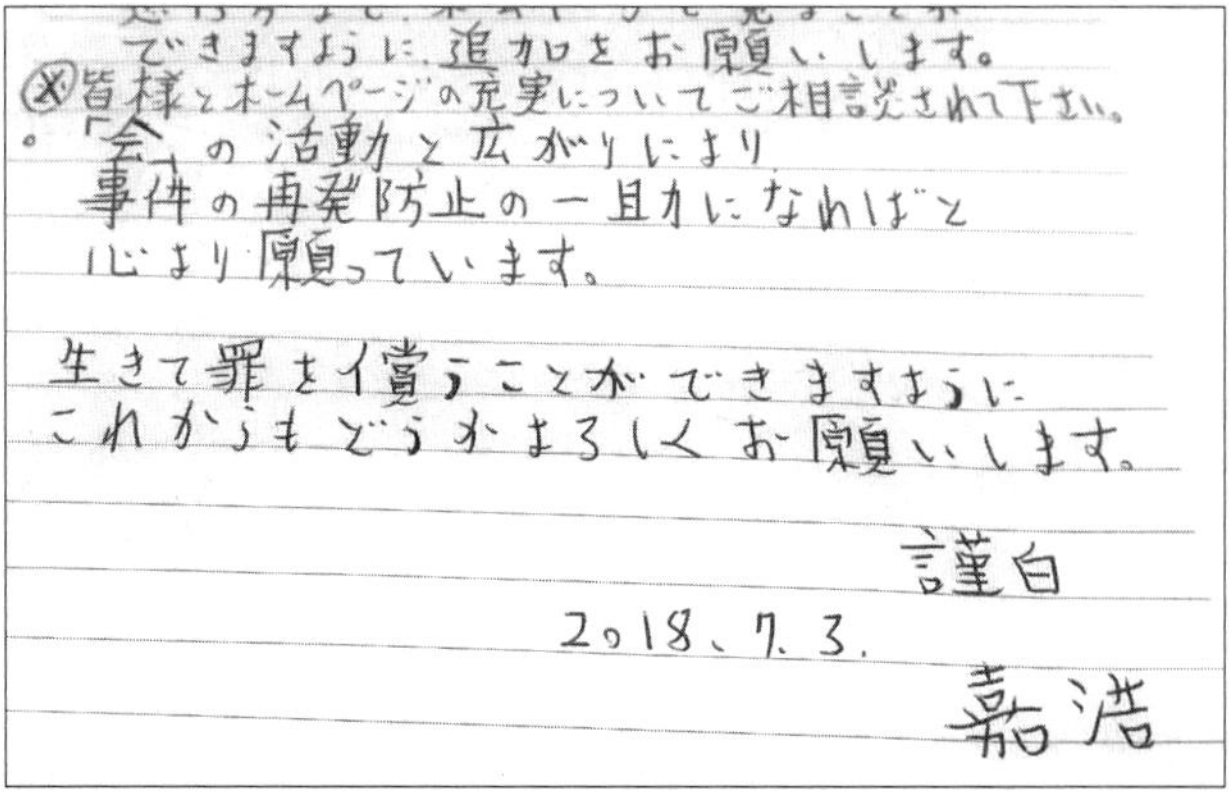
できますように追加をお願いします。
※皆様とホームページの充実についてご相談されて下さい。
。「会」の活動と広がりにより
事件の再発防止の一助になればと
心より願っています。

生きて罪を償うことができますように
これからもどうかよろしくお願いします。

謹白
2018.7.3.
嘉浩

執行3日前に井上が綴った手紙

そして、自らに言い聞かせるようにこう言った。

「まずは、よし！」

井上は「厳粛な面持ち」で死刑台に立ったことが、両親に伝えられた。

大阪拘置所で井上の次に執行された**新實智光**（享年54）は、もともと麻原に対する帰依が強く、最後まで信仰を捨てない信者と思われていた。

しかし、元アレフ信者で２０１２年に新實と獄中結婚し、現在は教団と関係を絶っている夫人が、前出の『週刊新潮』に寄せた手記によると、晩年の新實は「教祖にはついていかない」「来世は弟子になることはないだろう」と麻原を完全に否定し、また迫る死の恐怖と戦っていたという。執行の8日前には恩赦を出願すべく「生きて償いたき所存です」と記述していた。

「3月に移送があり、弁護士さんからも〝今年、執行がある〟と言われていたんです。それが影響したのでしょうか、大阪に来てからは、夫は面会の際に〝自分は死ぬんじゃないか〟と言うことがありました。その度に〝ないわないわ〟と言って安心してもらおうとしましたが……。〝胃が痛い〟と言い出すこともあったんですが、検査を受けても異常は出ません。東京にいた時は一度もなかったことでしたね。死刑が執行される2日前に面会に行った時、突然、夫はその前の晩に見たという、夢の話を始めたんです。〝独房の前にネズミの大群がやってきて怖かった〟と。追い詰められているな、と思いました。後になってみれば、夢を見たのは法務大臣が執行にサインした日の夜だったんです」（『週刊新潮』２０１９年7月11日号）

執行の日に出す予定だった、新實の妻にあてた手紙には「これからもよろしく」と書かれていたという。

「自分で歩いていきます」

7月6日、広島拘置所で執行されたのは**中川智正**（享年55）。中川の故郷は広島に近い岡山県である。

　中川とは京都府立医科大在学中からの知人で、支援を続けた俳人、江里昭彦氏は遺族とともに8、9日の両日、中川の遺体と対面したという。

　江里氏が明かしたところによれば、執行のため広島拘置所の居室から出された中川は、職員に「体に触れなくてもよい。自分で歩いていく」と断った。また控室に用意された菓子や果物には手をつけず、お茶を2杯飲んだ。

「支援者、弁護士に感謝しております」

「自分のことについては誰も恨まず、自分のしたことの結果だと考えている」

「被害者の方々に心よりおわび申し上げます」

　中川の死亡確認時刻は午前8時57分だった。

　福岡拘置所で執行された、最年長の**早川紀代秀**（享年68）については、直前の情報がない。ただし、6月7日、執行の予感を感じ取ったのか、次のような手記を書き残している。

「国民が殺生のカルマ（業）を負うので、（死刑は）やめるべきと思います」

「自分では1人も殺していない者が死刑で、自分で2人も殺している者が無期というのは、どうみても公正な裁判とは言えません」

「申し訳なさは、事件発覚から23年たった今も薄れることはありません。真理のため、救済のためと思って戦い、テロを実行して得られたものは苦しみと悲しみでした」

先に執行された7人とその順序は、おそらく事件における責任の重さを法務省が判断した結果であったのだろう。だが、先に執行されるのと、後に執行されるのでどちらの苦しみが少ないのか、それは分からない。

現金を災害義援金として寄付

7月26日、東京拘置所では**豊田亨**（享年50）と**端本悟**（享年51）、**広瀬健一**（享年54）の3名が執行された。

東京大学卒業者として初めて死刑囚となった豊田は、ノーベル賞も夢ではないとささやかれたほどの秀才だった。豊田は7月6日に麻原らの執行があったことを知ると、自身の執行も近いことを悟り、所持していた現金はすべて、匿名で西日本豪雨の義援金として寄付している。

執行の直前、支援を続けてきた友人と面会した際、豊田はこう語ったという。

「日本社会は誰かを悪者にして吊し上げて留飲を下げると、また平気で同じミスを犯す。自分の責任は自分で取るけれど、それだけでは何も解決しない。ちゃんともともとから絶たなければ」

自分が元気でいるということ自体が被害者を苦しめるとし、一切情報発信の類を控えていた豊田は、最後もひっそりと死刑を受け入れた。

端本悟は、再審請求をしていなかった。麻原の死刑を知ったとき「私は命乞いのようなことはしたくない」と支援者に語り、静かに死を受け入れた。

早稲田大学理工学部応用物理学科をトップで卒業した秀才の広瀬健一も、公判中に完全に教団を離れていた。近年はなぜ自身が入信し、事件に関与したのかを検証する手記をまとめていた。自分自身ができることは「教訓」を残すことしかないとの思いからであったと思われる。

「生かされ感謝しています」

7月26日、名古屋拘置所では**岡崎一明**（享年57、宮前に改姓）および**横山真人**（享年56）の2名が執行された。

岡崎は、オウム事件で最も早く死刑が確定した。死刑確定直後は「命乞いのようなことはしない」と語っていたが、その後、次々とほかの信者の死刑が確定すると再審請求している。

執行当日の朝、刑務官が扉を開けると、岡崎の顔面は蒼白になったという。だが、その後は冷静に刑場へ向かったと伝えられた。

支援者には麻原の執行後、手紙を送っている。

「まさか、（執行が）7月末でなく七夕の前日とは愕いております」

「それまで生存しているか否か？　は、よく分かりませんが、今月末（7／27頃）が危ないので、来週の7／25（水）までには、最期の手紙として、書くつもりでおります」

「毎月の如く月始めか月末が危険日です」

岡崎の研ぎ澄まされた「予感」は的中してしまったことになる。遺体と対面した支援者は「安らかに眠っているような顔だった」と語っている。

同じく名古屋拘置所で執行された横山真人は口下手な男だった。地下鉄サリン事件の実行犯ではあったが、横山の車両では死者が出ておらず、直接的な殺人行為はなかったにもかかわらず、死刑が確定した。「誰にどう伝えても、理解してもらうことは

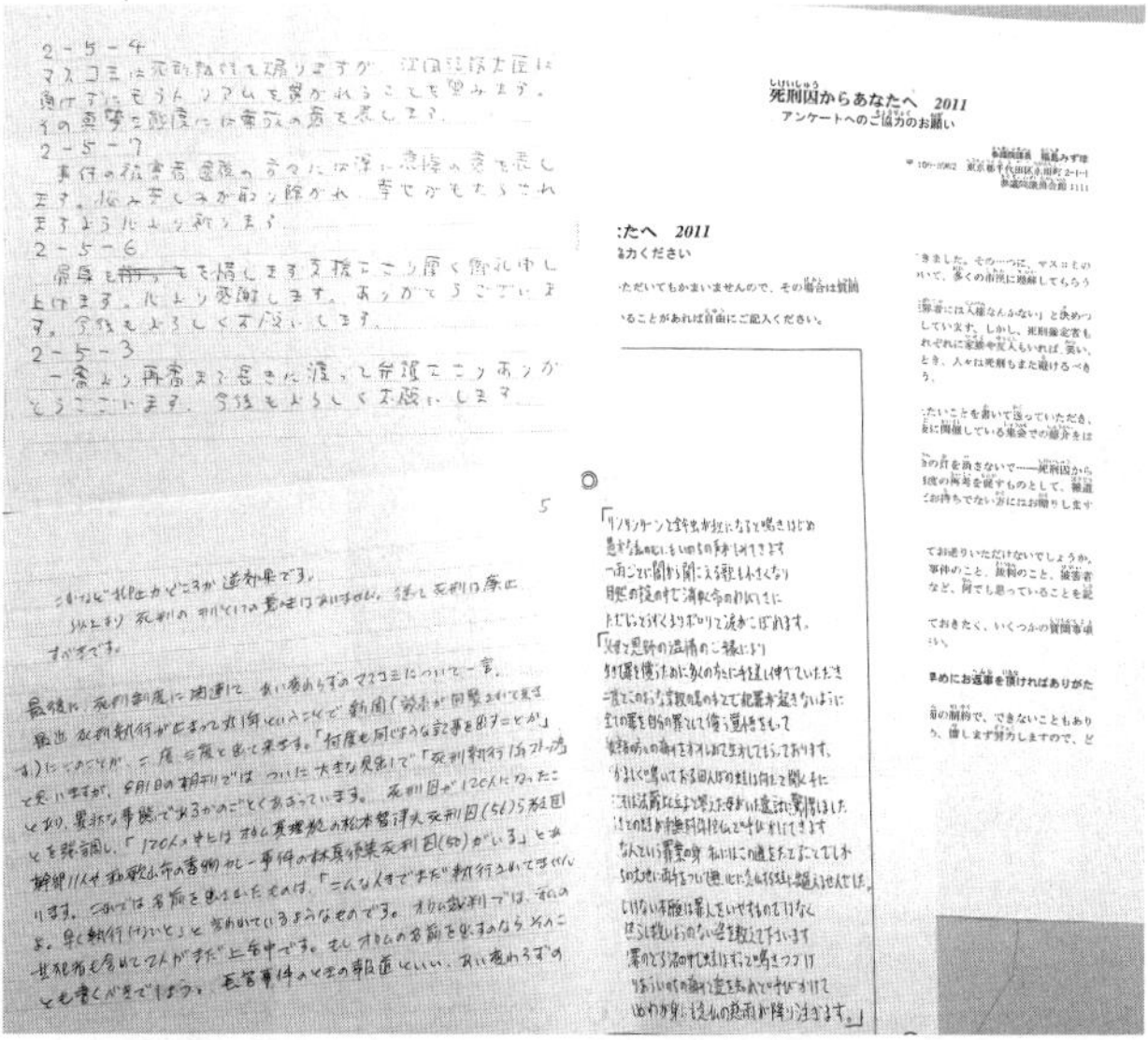

オウム死刑囚が記入したアンケート用紙。「生」への願望が見て取れる

できない」と固く口を閉ざし、確定後もほとんど表立った活動はしていない。

麻原の執行から1週間後、面会した弁護士に「次、いつ執行があってもおかしくないよね」と聞かれたのに対し、笑みを浮かべながら「そうですよね」と応じたという。

「また会えるかな」

最後にそう弁護士が語ると、横山はこう返した。

「これまでお世話になりました」

横山の遺体は、1歳上の兄によって引き取られたという。

仙台拘置支所では、**林泰男**（享年60、小池に改姓）が執行された。

麻原の執行2日後の7月8日、林は「もうこの手紙が届くときには生きていないと思います」と弁護士に手紙を送っている。13日、最後に面会した際にはこう語っていた。

「生かされ感謝しています」

第4章　贖罪

File 23

小川和弘

大阪個室ビデオ店放火事件(2008年)

死刑確定 2014年3月6日
死刑執行 未執行

個室ビデオ店が深夜に出火、16名死亡の大惨事に

放火による大量殺人といえば、2019年7月、36名もの命を奪った「京都アニメーション放火殺人事件」が記憶に新しいが、その前であれば、2008年に起きた大阪の個室ビデオ店放火事件が挙げられただろう。

2008年10月1日未明、大阪・ミナミの雑居ビル1階にあった個室ビデオ店で火災が起きた。避難誘導が行われなかったことやスプリンクラーがなかったことなどもあり、15名が店内で一酸化炭素中毒により死亡、重体だった1名が入院先の病院で亡くなり、犠牲者16名という大惨事となった。

当初は失火による火災かとも思われたが、当時客の1人として個室に滞在していた

小川和弘が現住建造物等放火、殺人などの容疑で逮捕された。大阪府警の調べに対し、小川は「生活保護の生活が惨めで、個室に入ってから、ここで死にたいと思うようになった。家族と別れて、生きていくのが嫌になった」ためにティッシュに火をつけた旨の供述を始めたという。

しかし、裁判が始まると否認に転じ、「放火はしていない」と主張。自分のタバコの火が原因によるボヤではないかと思ったため店員に何度も謝罪はしたが、自らの意志で放火したわけではないという。取り調べの際は刑事が入れ替わり立ち替わり来て机を叩いて脅してきたため、最終的に「やりました、と書いたというより書かされた」。

果たして失火なのか放火なのか。

結論から言えば、小川の主張が認められることはなかった。

２０１４年3月、最高裁で上告が棄却され死刑判決が確定する。その後「火元は小川がいた部屋とは違う場所で、出火原因も異なっている可能性がある」といった新証拠とともに弁護団が再審請求するも、２０１９年7月19日、最高裁は再審を認めない決定を下した。「彼が放火した」と裁判官たちを確信に至らせる理由はどこにあったのだろうか。

瞬く間に消えた退職金

小川の人生は順風満帆とは言えないものだった。個室ビデオ店に客として入店した際、自らの人生に絶望していたとしても不思議はなかったのである。

高校卒業後、松下電器（現・パナソニック）に入社した小川は、ビデオ事業部の工場に配属される。彫りの深い顔立ちで女性からも人気があり、職場の女性と結婚、1男1女をもうけ、1990年には門真市に一戸建てを購入した。一見すると絵に描いたような幸せな家庭だが、その幸せは長くは続かなかった。

小川は無類のギャンブル好きでしばしば多額の借金を抱えていた。2001年には、早期退職制度に手を上げて会社を自主退職。勤続20年であれば1000万円以上の退職金を手にしたはずだが、その金は瞬く間に消えたようだ。そのころ、妻に逃げられ離婚という憂き目にも。さらに、女手一つで小川を育てた母親が2004年に病死すると、門真市の自宅を売却し東大阪市にマンションを購入するが、わずか半年でそのマンションも売却してしまう。どうやら多額の借金を返済するためだったようだ。

なんとか生活を立て直そうともがいていた形跡もある。知人を頼って飲食チェーンに入社したり、タクシー運転手として働いていた時期もある。しかしどれも長くは続かず、いきなり毛皮のジャケットや高級ブランドのスーツを身につけて派手なふるまいを見せるなど、徐々に行動と精神のバランスを崩していった。虚偽の養子縁組で名字を変えていた時期もあったようだ。多重債務者がブラックリストから逃れるために使う手である。

当時、うつ病にも苦しんでいたという小川。その手首にはリストカットの生々しい傷痕があった。しかしリストカットと放火では天と地ほどの開きがある。

人生に絶望し死んでもいいと自ら火を放ったのか。それとも失火なのか。あるいは新証拠で弁護側が主張するように、火元はまったく関係のない部屋だったのか。真実を確認しようにも、小川はいま、大阪拘置所で執行を待つ身である。再審への道はかくも険しい。

小川和弘の言葉

「私は何でもっと早くに否認して、やってないということを言うのが遅かったと後悔しています」

File 24

勝田清孝（藤原に改姓）

勝田事件（1972〜83年）

死刑確定
1994年1月17日
死刑執行
2000年11月30日（享年52）

二度死刑を宣告された男

元消防士の勝田清孝は1972年9月13日、最初の強盗殺人に手を染めて以来、10年間で計8人を殺し、そのほか殺人未遂、強盗、強姦など悪事の限りを尽くした。しかもそれが、逮捕される直前までまったく勝田の犯行とマークされていなかったというのだから驚かされる。

事実認定された殺人は8件（単独犯による連続殺人事件としては当時の日本最多タイ記録）だが、勝田自身は22人を殺害したと自供。しかし14人については裏付けが取れなかった。勝田は1977年に当時人気だったクイズ番組『夫婦でドンピシャ！』に妻とともに出演し優勝しているが、実はその収録の6日前、そして1カ月後にも女性を殺害していた。平然と仕事をし、生活しながら大胆な強盗殺人事件を続けた勝田の二面性がよく分かる。

そのあまりの罪状に、検察は勝田の罪を2つにグループ分けし、それぞれ死刑を求刑したところ、どちらも死刑が確定した。「2回死ぬのが相当」という宣告である。

いまさら勝田の凶悪犯罪を並べ立てても、きりがない。ここからは、その凶悪犯・勝田の死刑確定後の物語である。

「命乞いする資格はもとより、神仏の加護にすがる値打ちもない私なのですが、真実死を忌み嫌うのです」

と、勝田は自著で心境を述べている。死の恐怖の克服と贖罪の気持ちを形にしたいとの思いから、勝田が取り組んだのは「点訳」だった。

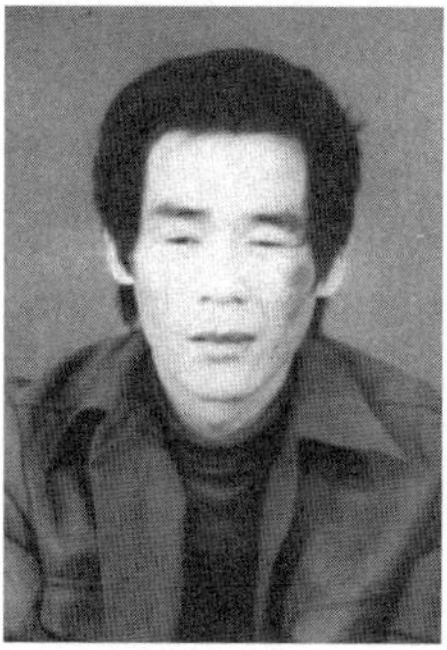

殺人の6日後にテレビのバラエティ番組の収録に参加していた勝田清孝

「点訳」とは、盲人向け書物作りのことで、一般の本を点字に打ち直す作業のことである。

勝田は、上告中から点字を学び、足かけ約10年にわたって点訳に打ち込んだ。

しかし、かつて消防士として全国大会に出

場、20回もの表彰歴を誇った強靭な肉体は見る影もなく、晩年は日に何度も横臥の許可を求めなければならない状態であったという。

　勝田は、文通を通じ養姉となった来栖宥子をたいへん信頼し、手紙のやりとりを続けていた。それは『勝田清孝の真実』（恒友出版）という本にまとめられているほか、関連情報のインターネットサイトもある。

　死刑執行当日。勝田は、動揺する心を抑えながら遺書を書く。

「お姉さん、お母さん、いろいろお世話になりまして、本当に有り難うございました。お姉さん、喧嘩ばかりしてごめんなさいね。私の本音は心よりお姉さんを信頼しておりました。なのに、怒らせるようなことばかり繰り返して実に済まぬことだったと深く反省しております。許してください。急な宣告に、今は大変ショックでとても冷静とは言い難いですが自分の犯罪を省みて、この急な宣告も仕方が無いか…と、もう諦めの境地に自分を導いている次第です。

他にも沢山のことを書きたいのですが、あまり時間も無いのでこの辺で失礼致します。本当に有り難うございました」

「諦めの境地」に移行する自分を客観的に見つめる勝田の精神力がここには見て取れる。

「私の所持品はすべて焼却してください」


またもう1つの遺言がこれである。

「私に関する一切の所持品及び遺品（遺骨を含む）は、決してこの世に残ることのない焼却処分を強く希望します」

死刑囚になった勝田は、自らの権利を主張することを極度に警戒し、マスコミや支援者との接触もさけ、ただ小さく奉仕だけを考えていたという。

そうした姿が、かえって印象深く人々の心に残るのは皮肉というべきなのであろうか。執行の直前、勝田は般若心経を読みながら、被害者一人ひとりの名をあげ「ごめんなさい」とつぶやいたという。

勝田清孝の言葉

「先生（僧侶）の顔をもう一度見たいから目隠しを取ってください」

File 25

練馬一家5人殺害事件(1983年)

朝倉幸治郎

死刑確定 1996年11月14日
死刑執行 2001年12月27日(享年66)

東京拘置所の「模範死刑囚」

1983年6月28日朝、東京都練馬区の会社員・白井明さん(45歳)宅を、隣人の主婦が訪問した。

「電話がつながらない。様子を見てくれないか」

主婦は、白井さんの妻の母からそう連絡を受けていた。白井家の「不動産トラブル」は、近所では有名な話だった。中から出てきたのは、中年の男だった。

「ここの人たちはもう引っ越しましたよ」

だが、表情に精気がない。不審なものを感じた主婦は、念のため警察に通報。駆けつけた警察官が見たものは、「この世の地獄」だった。異臭を放つ風呂場に山積みに

とても殺人者には見えないもの静かさだったという朝倉幸治郎

事件現場となった住宅街の一軒家。一時、立ち退きをめぐり訴訟になっていた

されていたものは、一家5人のバラバラにされた肉片と血、内臓だったのである。

不動産鑑定士・朝倉幸治郎（48歳）は前日、立ち退きをめぐってトラブルになっていた白井家に単身乗り込み、妻と2人の子供を殺害。そして帰宅した次女、さらに白井さんをも順次待ち構えては殺し、風呂場へ捨てた。長女だけが、臨海学校に行っていたことで難を逃れた。その後朝倉は、徹夜で「解体作業」を続けていたのだった。

白井さんが立ち退かなければ転売期限が過ぎ、1000万円規模の損失が出ることが分かっていた。だからといって、どうしてこれだけ残忍な犯行につながるものなのか。弁護側は心神喪失を主張したが認められず、1996年11月14日、朝倉の死刑が確定した。

法務当局にとって、「執行しやすい死刑囚」という者がいるとすれば、まず心情が安定していて、支援者や外部との接点がなるべく少なく、再審請求や訴訟などのない者である。

これはとにかく暴れたり、自殺したりせず、執行しても批判されることがなければよい、という意味なのだが、反省し、悟りの境地に達すれば達するほど、死のリスクが高まるとすれば、ある意味おかしな話である。

再審請求をしなかった男

朝倉幸治郎は、その姿を見れば、とても人を殺したとは思えないほど「模範的」な死刑囚であったという。東京拘置所で、朝倉と10年近く同じ獄舎に入っていた山中湖連続殺人事件の澤地和夫死刑囚（２００８年12月病死）がこう書いている。

朝倉は公判の途中から、支援者たちとの面会もなぜか拒否するようになっていた。

「つまり、そうした面々（注・外部の支援者）と面会している死刑囚を区長室などに呼び、『あの連中と交流を持つことは、将来の君のためにならない。当局として、あの人たちが君にとってよからぬ人と見ているのだからね。次からの面会は断ったほうがよい。それが、君自身のためによいのだ……』というようなことを言って、当の死刑囚を説得します。朝倉が、途中で突然に面会を拒否するようになったというのは、

100パーセントそのためです。私も同じように説得されているからです」（『東京拘置所　死刑囚物語』）

　そして、当の朝倉の態度については「尋常じゃなかった」という。

「獄中仲間が見ていて嫌になるほどの、丁寧というのか、謙虚などというのか、とにかく、その昔の一般庶民が代官さまに対して腰をかがめて口をきいた、あの調子でいつもいつも、『ありがとうございました』と大きな声でお礼を述べるのです」

　澤地は、朝倉はそのような謙虚な姿勢を見せることで、自身の執行が回避できる、そう本気で信じていたとしか考えられない、とまで言う。

　しかし、再審請求すらしていなかった朝倉は、同時期に確定した死刑囚のなかでは最も早く「お迎え」が来た。外界との交流を遮断していた朝倉の最後の様子は伝わってきていない。

朝倉幸治郎の言葉

「自分は正常です。一貫して心境に変化はありません」

File 26

元警官連続殺害事件（1984年）

広田雅晴（神宮に改姓）

死刑確定 1997年12月19日
死刑執行 未執行

ギャンブルで1400万円の借金

罪に問われ服役した者が、出所後、再び敵に報復するケースは「お礼参り」と言って、ヤクザ映画の世界ではしばしばあることである。しかし、それを本当に、しかも元警官が「古巣」の警察にやってしまったのが、この広田の連続殺人事件である。

1984年8月30日、元警官・広田雅晴（41歳）が加古川刑務所から仮出所した。かつて警察官を15年つとめた広田だったが、ギャンブルによる浪費などがたたり、1400万円の借金があった。

京都・西陣署に勤務していた時代、借金に困った広田は、同僚警官の拳銃を盗んで郵便局に押し入り、逮捕された。

「直属の上司が私の病気休暇について悪口を言っており、ピストルを盗めば上司が困ると思ってやった」

広田は妄想的に古巣・京都府警への逆恨みを増幅させていた。

「必ず仕返ししてやる」

獄中から左翼系の新聞に、復讐を誓う投稿をしたことさえあった。

広田は出所わずか5日後、思いを実行に移す。

9月4日午後1時ごろ、広田はまず京都市内の公園で警邏中の巡査（30歳）を襲い、刃物でメッタ刺しにしたうえ、拳銃を奪って射殺した。

「京都府警にヘタ打たしたる」

広田は満足げに、返り血を浴びたまま近くの映画館に入るという異常な行動を取る。通

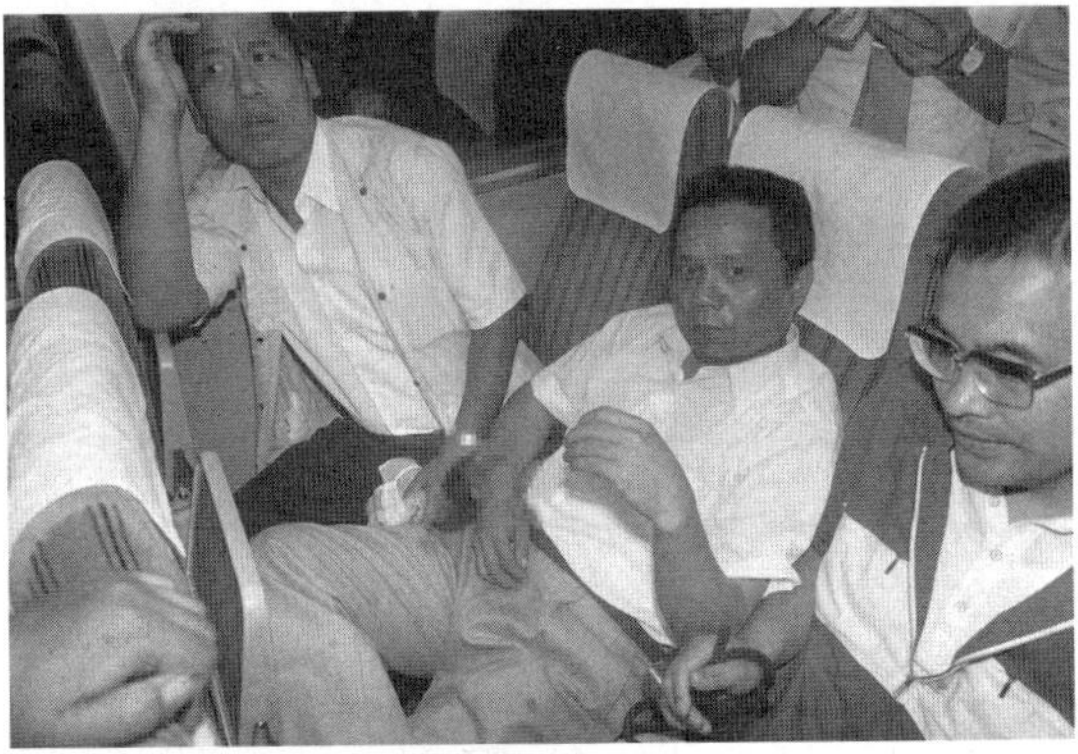

千葉の実家から京都へ護送される広田。
車内でも、不敵に京都府警を批判し続けた

報で警官が駆けつけたとき、広田の姿はなかった。4時間後、広田は大阪のサラ金に出没。奪ったばかりの拳銃で店員（23歳）を射殺。現金73万円を奪って逃走した。

自ら京都府警に挑発の電話

残された指紋から、広田はすぐに全国指名手配された。その夜、広田はソープランドやピンクサロンに立ち寄り、奪った金で遊んだ挙句、着替えて身なりを変えていた。しかし、あっけなく翌日、千葉県の実家に立ち寄った広田を、先回りしていた警察官が逮捕した。その日の朝、広田は自ら京都府警に電話を入れている。

「あんたらが探してる広田や」

「どちらの広田さんですか？」

「あほ！　探してるとちゃうんか。京都にはおらん、千葉におるんや」

元警官の広田が張り込みを予測しないはずがなかったが、

「京都府警に恨みがある。千葉県警にヘタ打たすわけにはいかん」

と、妙な筋論を展開した。

元警官の連続殺人事件に、マスコミは大騒ぎとなった。千葉で逮捕された広田はすぐさま片手錠で京都に護送されたが、見せしめのためか、新幹線の車内で広田は報道陣にさらし者にされた。

ニヤニヤと余裕を見せていた広田だったが、途中でいきなり激昂。報道陣に向かって突っかかり京都府警に対する恨みつらみをぶちまけた。そのふるまいはとうてい元警官とは思えないものだった。

公判では無実を主張。しかし、お礼参りという構造や、犠牲者の中に警官がいたことなどから情状は極めて悪く、1審は死刑判決。2審でも判決は変わらず、1997年12月19日、広田の死刑が確定した。

現在、結婚前の「神宮」姓となっている広田であるが、獄中の様子は伝わってきていない。しかし、確定から20年以上が経過しても再審請求を繰り返すことによって、執行を逃れている。広田の「闘い」はまだ終わっていない。

広田雅晴の言葉

「親子3人、水入らずで暮らしたかった。どうしても家を買う金が欲しかった」

File 27

澤地和夫

山中湖連続殺人事件（1984年）

死刑確定
1993年7月7日
死刑執行
2008年12月16日病死（享年69）

自ら上告を取り下げ死刑確定

1984年に起きた「山中湖連続殺人事件」は、元警官の澤地和夫、不動産業者の猪熊武夫、金融業者の朴竜珠の3人が共謀して計画した事件である。

ここでは、あえて最高裁まで争わず、自ら上告を取り下げ死刑を確定させた澤地（2008年病死）を中心に、事件を振り返ってみる。

1980年、澤地和夫（41歳）はそれまで22年つとめた警視庁を辞め、4000万円を銀行などから借り入れ、西新宿に居酒屋を開業した。だが当初こそ元同僚たちでにぎわった店も、次第に客足が遠のき、赤字が大きくなっていく。

澤地はかつての同僚たちに頭を下げ金策に走ったが焼け石に水。3年後、借金は1

億5000万円以上に膨れ上がった。

「これでは、金を貸してくれた元同僚たちに顔向けができない」

警察組織の「絆」の強さが新たな悲劇を生み出そうとしていた。

澤地は、やはり負債をかかえていた不動産業者・猪熊武夫（35歳）、金融業者・朴竜珠（48歳）と共謀し、強盗殺人計画を立てた。

1984年10月11日、澤地らは、貴金属業者（36歳）を騙して猪熊の所有する山中湖の別荘に連れ出すと、そこで殺害。現金や株券、5000万円相当以上を奪い遺体を床下に埋めた。しかし、これだけでは足りない。2週間後、同じ手口で今度は埼玉県の金融業者（61歳）を同じ別荘で殺害。現金・貴金属など4800万円あまりを奪った。

だが、それまでだった。澤地らは11月23日に逮捕され、かつての仲間たちに「顔向け」できるように、という澤地の夢は完全に断たれた。

著書も多く、死刑制度をめぐるジャーナリストのあり方にまで一家言持つ澤地和夫

1審では澤地と猪熊に死刑判決が下された（朴は無期懲役で控訴せず確定）。2人は、当然最高裁まで共闘するものと思われたが、1989年3月31日の2審判決（死刑）をともに上告したあと、1993年、なぜか澤地だけが上告を取り下げ、死刑を確定させてしまう。

澤地はその理由として、1993年3月、後藤田正晴法相のもと3年4カ月ぶりに再開された死刑執行に「抗議」するという論理を展開したが、それがどういった形で抗議につながるのか、疑問視する声もあった。

澤地の著書を読むと、「死刑執行時期」について自分なりに研究し、いかにそれを遅らせるかという手段について、よく考えていることがうかがえる。このことから、「上告を取り下げて死刑を確定させたほうが結果としては死刑が先送りになる」という自分なりの法則を「実行」しただけだと見る向きもある。

実際のところ、法務省としては同じ事件の共犯者でどちらも死刑囚の場合、両方の足並みが揃わない、ということを好まない。澤地はあえて、「不自然な上告取り下げ」を挟むことによって延命戦術をはかったのだとすれば、それは、一定の効果をもたらした可能性があった。

自ら望んだ「病死」という名の勝利

澤地は昭和天皇の崩御の際、「恩赦」を期待して、自ら死刑を確定させていった死刑囚について、同情している。澤地も当時まだ死刑が確定しておらず、別の死刑囚から「(死刑を自ら確定させせ)恩赦にかけましょう」という手紙をもらっていたが、それには乗らなかった。澤地の判断は結果的に正解で、自ら控訴・上告を取り下げ死刑を確定させた死刑囚は、自分の命を縮めるだけの結果となってしまったからである。

澤地は「執行されないまま病死を望む」という、死刑囚として最大の目標を掲げ、再審請求を続けていたが2008年に癌による多臓器不全のため病死した。なお、共犯者の猪熊武夫死刑囚はいまなお未執行である。

澤地和夫の言葉

「いまだに自分をして、『殺人者』であるとか『死刑囚』であるということに馴染みきれていない」

File 28

田本竜也（春田に改姓）

大学生誘拐殺人事件（1987年）

死刑確定 1998年4月23日
死刑執行 2002年9月18日（享年36）

脱獄劇をめぐり拘置所長が自殺

映画の世界ならいざしらず、拘置所からの脱獄など現実的にできるものではない。ただ、1つだけ可能性があるとすれば、内部に協力者をつくった場合である。脱獄でなくとも、刑務所の不祥事というのは、刑務官が関与して初めて成立することが多い。田本竜也（春田に改姓）のまさに命がけの「脱獄劇」は、看守のほうから教唆されたものであっただけに、これによってスピード執行されてしまった彼の運命には同情を禁じえない部分がある。

田本竜也（20歳）とその少年院仲間、元暴力団員ら4人は、小学生時代の知人で、裕福な資産家を両親に持つ大学生の上田創昭さん（21歳）から金を巻き上げる計画を

大学生が殺された
玉名市の廃材置き場

公判で、共犯者たちと
「罪のなすり合い」を演じた田本竜也

立てる。

1987年9月14日、熊本県玉名市内をドライブ中の上田さんとその女友達を誘い出した田本らは、市内の廃材置き場でまず上田さんをコンクリートブロックで殴るなどして殺害。その後、会社を経営する上田さんの父に5000万円を要求する脅迫電話をかける。熊本県警は、まず25日、監禁され連れまわされていた女友達を保護すると、主犯の田本を除く3人を逮捕。観念した田本もその後、出頭し逮捕された。

公判では、犯行をリードしたのは田本であると主張する3人に対し、「責任の押し付け」と反論。だが熊本地裁は、主犯を田本と認定し、ほかの3人が無期懲役～懲役18年だったのに対し、田本にだけ死刑を言い渡した。

1991年、2審も死刑判決。いよいよ追い詰められた田本に、千載一遇のチャンスがまわってきた。福岡拘置所の看守・坂田誠也（35歳）は、大学の名門柔道部出身で、田本と同じ熊本の人間だった。同郷で年齢も近かった田本と坂田は、次第にこっそりと私語を交わす仲になっていった。

看守が差し出した金ノコ

ある日看守の坂田が信じられないことを言い出した。

「このままでは死刑だ。外に出てみたらどうだ」

坂田は腕時計や現金3000円、逃走経路のメモ、そして肝心の金ノコをそっと田本に差し入れた。

1997年12月下旬の深夜、異音がするのを別の刑務官が不審に思い、田本の房を調べたところ、そこには「命をかけた脱走」を企て、一心不乱に鉄格子を切る死刑囚の姿があった。3本の鉄格子は2本まで切れ、あともう少しで脱出できるところだった。

前代未聞の死刑囚の脱獄計画に、福岡拘置所は大揺れになった。拘置所は内部調査を始めたが、1998年2月21日、現職の拘置所長が突然所内で刃物を胸に突き刺したうえ、搬送された病院の窓から飛び降りて自殺した。死刑囚の逃走によって、さらに別の死者が出る異常事態である。

内部関与が明るみになり、逮捕された坂田看守は、犯行動機について「気に食わない上司を困らせてやろうと思った」と拘置所内の腐敗した人間関係を暴露した。この事件で12人が処分されたが、坂田看守の詳しい動機の解明はウヤムヤに終わった。

死刑囚のおかげで生きている拘置所長を死に至らしめてしまった当局は、田本に強い姿勢を打ち出す。

田本は上告中に何度も弁護士を解任するなど遅延工作とも見受けられる戦術を駆使して抵抗したが、1998年4月23日、田本の死刑が確定。脱獄については、加重逃走未遂容疑で書類送検されたものの、死刑確定囚にこれ以上の「罪状」を問うのは無意味とあって、起訴猶予処分となった。それからおよそ4年後、田本はひっそりと36年の生涯に幕をおろしている。

田本竜也の言葉

「犯罪者って、別に異世界から来た人じゃなく、皆さんのまわりから生まれた人ですよね」

File 29

宮崎 勤

連続幼女誘拐殺人事件（1988〜89年）

死刑確定 2006年1月17日
死刑執行 2008年6月17日（享年45）

法相の指摘がきっかけとなった執行

昭和から平成にかけ、次々に幼女を殺害し、犯行声明を報道機関に送りつけるなど日本を震撼させた宮崎勤事件。2008年に死刑が執行されたが、確定から2年後という早い執行は、当時の鳩山邦夫法相の指示がきっかけだったことを、法相本人が生前に明らかにしている。

この裁判は、事件発生から死刑確定まで18年という長い年月が費やされた。審理では主に宮崎の「責任能力の有無の検証」に主眼が置かれており、宮崎の尋常ではない思考回路が、ここまで裁判を長引かせた原因となったことは否めない。死刑確定後、宮崎は逮捕以来初めてとなるビデオの視聴を許されたという。宮崎が選択したビデオの1つが『天空の城ラピュタ』であった。

1988年8月から1989年6月にかけ、埼玉県入間市、飯能市、川越市、東京都江東区などで4歳から7歳の幼女が誘拐、殺害された事件が「宮崎勤事件」（警察庁指定117号事件）である。

劇場型犯罪としてメディアに取り上げられるきっかけとなったのが、被害者宅や新聞社に送りつけられた「犯行声明文」だった。

被害者の父親宅には〈絵梨香〉〈かぜ〉〈せき〉〈のど〉〈楽〉〈死〉など、アナグラムを意識したような、ぞっとする文面が送りつけられ、また報道機関の朝日新聞と別の被害者宅には「今田勇子」名で、犯行をこれまた不気味な筆致で綴る「告白文」が送りつけられている。

精神科医や心理学者によるプロファイリングがなされるなか、1989年7月、幼女の裸を撮影しようとして、女児の父親に捕まったメガネの男がいた。連続殺人犯、宮崎勤（26歳）の逮

自分のやったことが、まるで人ごとのように思える心境は、死刑囚に珍しくない。宮崎はそれを「夢の中」と表現する

捕の瞬間だった。

逮捕時、宮崎の部屋に踏み込んだ刑事は息を飲む。薄暗い部屋に約６０００本のビデオ、コミック、エロ本が積み上げられ、新聞記者によって撮影されたその写真は、宮崎という人格をひと目で理解するのに十分なインパクトを持っていた。もっとも、ビデオの95％は通常のテレビ番組の録画などで、ほとんどが性的、猟奇的な内容であったという説は誤解である。

１審判決（死刑）が出るまでには10年の時間を要した。

宮崎は、手のひらが上に向かない先天性の障害を持っており、人格形成に大きな影響を与えたとされる。しかし、それが人格障害か、それとも精神障害なのか、その線引きは難しい判断だった。

もっとも幼女４人の生命を奪った結果責任は重すぎた。２００６年1月、宮崎の死刑が確定した。１９９４年、父が飛び降り自殺をしたのを知った宮崎は、こう語っている。

「すーっとした。私を拾ったか、貰ったかして勝手に育てたんだから、バチが当たったんだと思った」

死刑確定直前、面会した臨床心理学者から「確定後は雑誌の差し入れなどができなくなる」と聞かされた宮崎は激しく目を左右に動かし「これは困ったな」とつぶやいたという。宮崎の心の内は誰にも分からなかった。

「絞首刑ではなく薬を使用すべき」

宮崎は自身が置かれている死刑確定という状況についてどう理解していたのだろうか。これについて、死刑確定後、月刊誌『創』に寄せた手紙で宮崎はこう述べている。
「死刑は絞首刑をやめて薬を使用すべきだ。法も残虐な刑を禁じている」
執行の直前、宮崎は「あのビデオ、まだ見ていなかったのに」と語ったとされるが、これには明確な根拠がない。確かなことは、『創』編集部に送り続けていた手記において、「幻聴」を訴えていたこと、そして被害者への謝罪がなかったことである。

宮崎 勤の言葉

「私が残忍だと勘違いされた。本当は、私は優しい人間だと伝えてほしい」

File 30

関 光彦

市川一家4人殺害事件(1992年)

死刑確定
2001年12月3日
死刑執行
2017年12月19日(享年44)

4人を殺害した19歳の少年

2017年12月19日、関光彦死刑囚(44歳)の刑が執行された。犯行時の年齢は19歳。犯行時少年だった死刑囚の執行は、1997年の永山則夫以来、20年ぶりのことだった。

関は1992年、千葉県・市川市の一家4人を殺害する凶悪な事件を起こした。両親が離婚し、恐喝や暴力などで高校を退学処分となった関は、フィリピンパブの女性と交際したことで、暴力団関係者から金銭を要求される事態に追い込まれていた。

1992年2月12日、関は自転車に乗っていた通りがかりの少女(15歳)に車を接触させ、その後自宅に連れ込み強姦。このとき少女の所持品から自宅住所をメモし、

3週間後に少女宅に強盗に入る。自宅にいた祖母（83歳）は驚いて警察に通報しようとしたため、関はまず祖母を殺害。その後、帰宅した少女と母親（36歳）を見て、母親の背中を包丁で刺し失血死させた。そして少女の4歳になる妹が、保育園の保育士とともに家に戻ってくると、関は犯行を隠しながら妹を別の部屋に移したうえで、少女を強姦している。

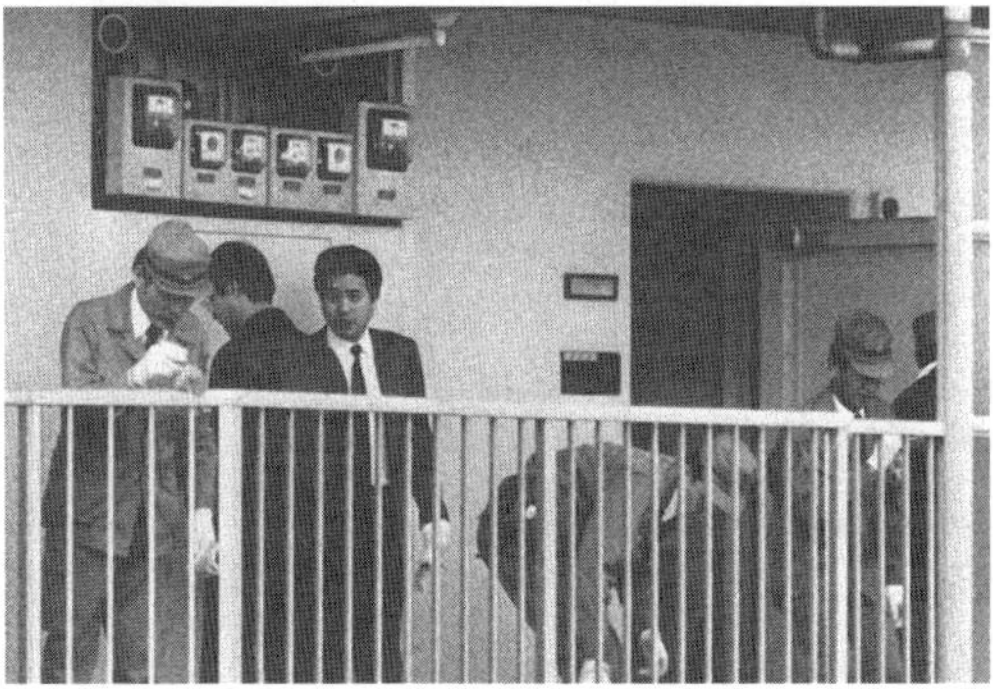
犯行現場となった集合住宅

　午後9時半ごろ、編集プロダクションを経営する一家の父親が帰ってきた。関は刃物で父親を脅しながら、現金と預金通帳を要求。会社に別の通帳があることを告げたが、ここで父親は殺害されてしまう。

　関は少女と編集プロダクションに行き、残業中の社員を脅して通帳類を強奪。さらに少女とラブホテルに入り、ここでも強姦に及んだ。未明に少女の自宅に戻ったが、泣き声を上げた4歳の妹を包丁で殺害。犠牲者は4人となった。

午前9時ごろ、状況に不審を感じた編集プロダクション従業員からの通報を受けた警察官が自宅に駆けつけ、関は逃走したものの逮捕された。暴力団に追われ自宅にも戻れなかった関は、車で移動しながら無軌道な凶行に及び、その結果、犯罪史に残る悲惨な事件に発展してしまったのである。

死刑になるとは想定していなかった

関は自分自身が未成年であることから、どんな凶悪犯罪を起こしても死刑になることはないという認識を持っていたという。

しかし、1審判決は死刑。1989年に東京・綾瀬で起きた「女子高生コンクリート詰め殺人事件」など、少年による凶悪犯罪に対し社会的な批判が高まっていたこともあり、世論は「少年であることを理由に極刑を回避すべきではない」という流れに傾いており、判決も時代の空気を反映したものになった。

2001年12月3日に死刑が確定。関は確定直前、東京新聞に手記を寄せ、次のように述べている。

「2度の死刑判決を受け、生き恥をさらし続けて、自分の家族にさえ迷惑をかけるより、とっとと死んで消えてなくなりたい、それで早く生まれ変わって新しくやり直す方がどんなにか楽だろうと、安易な自暴自棄に陥っていたころもありました」

「遺族の方々もそれを望んでいるのだから、報復感情を満たしてもらえばいいんじゃないか、自分が死んでそれですべてが終わるのならそれでもいいやと感じていました。しかし、被害者の方々が亡くなっていった瞬間の思いを考えると、自死の選択さえ、とても卑怯に思え、申し訳なさから辛うじて踏みとどまっていました」

生きることを望み、人間としての心を取り戻していたかに見えた元少年――だが確定から16年後、44歳になった関は刑場の露と消えた。

事件で1人生き残った少女はその後、日本を離れ、伴侶とともに夢だった海外での生活を送っていると伝えられている。

関 光彦の言葉

「何もできないまでも、最後まで生き抜いて罪をあがなえる方法を模索したいと考えています」

File 31

飯塚事件（1992年）

久間三千年

死刑確定
2006年9月8日
死刑執行
2008年10月28日（享年70）

いまなお続く再審請求

1992年に2人の女児が殺害された「飯塚事件」。2008年に久間三千年の死刑が執行されたが、この事件には「冤罪」を指摘する声が多く、いまも死刑囚の遺族によって再審請求が続けられている。

1992年2月20日、福岡県飯塚市の小学生女児2人（ともに7歳）が登校途中に同時に行方不明となった。翌日昼、近くの国道の崖下に2人の遺体が遺棄されているのが見つかった。女児には性的暴行を受けた痕跡があった。

付近ではその約3年前にも、同じ学校に通う女児（7歳）が行方不明になる事件があり、手がかりをつかめていない状況だった。

捜査本部は事件直後から、被害者の近くに住んでいた久間三千年（54歳）を事情聴取。3月20日には毛髪や指紋の任意提出を受けている。当時のDNA鑑定では、久間が犯人であることと矛盾しない結果が得られていたとされるが、決定打にはならず、久間がすぐに逮捕されることはなかった。

捜査本部が内偵捜査を続けていた1993年9月、久間は警察官2人に剪定ばさみで切りつけた容疑で逮捕される。マークしていた警察官が、久間の出したごみ袋を持っていこうとしたところ、それに気づいた久間が阻止しようとしてトラブルになったものだった。このとき飯塚簡裁は久間に罰金10万円の略式命令を出している。

死刑確定からわずか2年で
執行された久間三千年

1年後の1994年9月、久間は女児の遺体遺棄容疑で逮捕された。20年ほど、福岡県山田市（現・嘉麻市）の職員をつとめていた久間は1977年に退職、その後は定職に就かず、妻子と暮らしていた。

容疑を否定する久間に対し、検察側の証拠はDNA鑑定だった。しかし、当時の鑑定技術はまだ未熟なものだったとされ、1990年に起きた「足利事件」では、DNA鑑定で犯人とされ無期懲役判決を受けた男性が、その後再審無罪となっている。

1999年の1審判決は死刑。直接的な物証はないものの、目撃証言やDNA鑑定、さらに被害者の衣服に付着していた繊維と久間の所有していた車両のシート繊維が一致したとする鑑定が証拠として認められた。

確定から2年でスピード執行

2006年9月8日、久間の死刑が確定すると、そのわずか2年後、死刑が執行された。久間は再審請求の準備中だった。

当時、面会した弁護士に対し、久間はリストを示しながら「私より前に確定した死刑囚がこれだけいる。再審をそれほど急がなくても大丈夫ですよ」と話していたという。また、久間の上告を棄却した当時の最高裁裁判長も、新聞社の取材に対し「あれには驚いた」と執行が早かったことを認めている。

2009年10月、久間の妻が再審を請求。「執行後の再審請求」としてメディアに大きく報道された。足利事件における再審で、当時のDNA鑑定技術に疑問符がつけられたことから、「執行後に無罪の証拠が出てきたらどうするのか」という危惧が検察内部に広がっていった。

メディアには「冤罪」の可能性をクローズアップする論調が多かったが、一方で「間違いなく犯人」と断言する捜査関係者も多かった。しかし、いずれにせよ執行が終わった死刑囚が生き返ることはない。

執行される前、久間は死刑反対派による市民団体のアンケートに対し、こう答えていた。

「有罪の直接証拠がないまま、一人の人間に『死』を宣告してはばからないこの国の司法に対して、私は『否』を貫き通します」

執行からすでに10年以上が経過したが、事件の真実をめぐる「闘争」は終わっていない。

久間三千年の言葉

「私が一番知っているんです、自分のことは」

File 32

関根 元

埼玉愛犬家連続殺人事件（1993年）

死刑確定
2009年6月5日
死刑執行
2017年3月27日病死（享年75）

著名ブリーダーの隠された裏の顔

1993年に埼玉県で起きた、愛犬家たちをめぐる異常な連続殺人事件。犬の殺処分に使用する硝酸ストリキニーネで人間を殺害し、その遺体を細かく刻み、完全に燃焼させることで「透明」にしてしまうという猟奇的な犯行が関心を集め、共犯者の男性の手記も大きな話題となった。

埼玉県熊谷市でペットショップ「アフリカケンネル」を経営していた関根元は、シベリアン・ハスキーの輸入を手がけ日本でブームを作るなど犬のブリーダーとして名が知れた存在だった。だがその手法は悪質で、「子犬が産まれたら高値で買い取る」と犬のつがいを売りつけ、子犬が持ち込まれると、欠点を指摘して不当に安い値段で買い叩き、さらに高値で転売するというものだった。

バブル崩壊後、借金で経営に行き詰った関根は、地元の産業廃棄物処理会社役員に、法外な値段でローデシアン・リッジバックのつがいを売りつけたことからトラブルに発展。1993年4月20日、関根はこの役員を騙し、犬を殺す硝酸ストリキニーネのカプセルを「栄養剤だ」と言って飲ませ殺害。遺体を解体して焼却、肉片を川に流すなどして痕跡もなく処理した。

悪の道を極めた関根元（左）と
元妻で内縁関係にあった風間博子

関根は平然とこう言い放っていたという。

「いいか、ボディーは透明だ。これは完全犯罪だからな」

だが、この役員が関根に殺されたのではないかと察知した暴力団関係者が、関根に金銭を要求する事態に発展。関根は交渉に応じるそぶりを見せながらも同じ薬物で2人を殺害。元妻で内縁関係にあった風間博子とともに遺体を解体し、ドラム缶で焼いた。また、同年9月にも従業員の母を殺害している。

関根の周辺では、この4人以外にも不審な失踪を遂げている人物が複数いたが、関根の関与が認定されていないままである。

1994年になると、大阪で「愛犬家5人連続殺人事件」が発生。上田宜範（38歳）が逮捕されると「関東にも疑惑のペット業者がいる」として、関根は週刊誌やワイドショーに追いかけまわされるようになった。なお上田はその後死刑が確定し、現在も再審請求を続けている。

共犯者が関根の犯行を暴露

遺体が見つからないことから捜査は難航したが、1995年1月5日、関根と風間は死体損壊・遺棄容疑で逮捕された。きっかけとなったのは、遺体処理などを関根に脅され手伝わされていた「アフリカケンネル」の元従業員の男の告白である。

証言に沿った捜索で川底から被害者の腕時計が発見されたことなどから、関根の犯罪が露呈。もっとも関根と風間の逮捕後、すぐに阪神大震災やオウム真理教事件が起こり、この事件はあまり報道されることはなかった。裁判では関根と風間が責任をなすりつけ合ったものの、ともに死刑が確定。捜査に協力した元従業員も、懲役3年の実刑判決が確定している。

悪い方向には天才的な感覚を働かせる関根は、再審請求をしていなかったという。というのも共犯者の風間が再審請求をしているので、共犯者は同時執行という原則を知っている関根は、自分まで再審請求をする必要はないと察知していたのである。

拘置所でも特に反省の色はなく、食事の世話などを担当する衛生夫を懐柔したり、言うことを聞かなければ「箸でお前の目ン玉くり抜いてやる」などと言って脅すこともあったと伝えられた。

2016年11月、関根は体調を崩し「心タンポナーデ」の症状に苦しめられるようになる。2017年3月、関根はついに死刑台に上ることなく、75年の「悪の生涯」をまっとうした。残された風間はいまも再審請求を続けている。

関根元の言葉

「何事も一番にならなくてはだめだ。殺しのオリンピックがあれば俺は金メダルだ」

File 33

林 眞須美

和歌山毒物カレー事件(1998年)

死刑確定 2009年4月21日
死刑執行 未執行

解明されていない「事件の動機」

1998年に起きた和歌山毒物カレー事件は、平成を代表する劇場型犯罪の1つだった。死刑が確定している元保険外交員の林眞須美はいまなお冤罪を強く訴え再審請求を続けている。また、事件から20年以上が経過した近年、眞須美の長男がSNSで情報発信を開始したことも話題になった。

事件当時、メディアが大挙押しかけた眞須美の自宅跡地は2004年に地元自治体によって落札され、現在では公園になっている。

1998年7月25日、和歌山市の園部地区で開かれた夏祭りの会場で、カレーを食べた住民らが次々に嘔吐、腹痛を訴える騒ぎが発生。当初は食中毒かと思われたが、自治会長や小学４年生の男児ら４人が死亡するに至り、致死量のヒ素がカレー鍋に混入された殺人事件であることが判明した。

「動機なき無差別殺人」で死刑が確定した林眞須美
（右は夫の林健治）

事件直後から、地域住民の間で「あそこが怪しい」と名指しされた家が「林健治・眞須美夫妻」だった。事件当日、眞須美は調理中のカレー鍋を見張っていた人物の１人だった。

メディアは連日、林家を取り囲んだが、元保険外交員で主婦の林眞須美（37歳）は饒舌に語り、事件への関与を否定し続けた。夫の健治はかつて白アリ駆除の仕事をしていたことからヒ素の知識があり、自宅にヒ素を保有していた。また、眞須美は夫にヒ素を飲ませることで、高度障害保険金を騙し取るなど保険金詐欺に手を染めていた。

報道が過熱し、疑惑がピークに達した１９９８年10月４日、保険金詐欺容疑と知人男性に対する殺人未遂容疑で林夫妻は逮捕された。その後、12月9日には本丸のカレー事件（殺人および殺人未遂容疑）で眞須美が逮捕、起訴された。

裁判の焦点となったのは、殺人の動機と、目撃証言の信憑性、カレーに混入していたヒ素と事件で使用されたヒ素の同一性だった。

「私は保険のプロ。確かに保険金詐欺はやったが、お金にならない殺人などするわけがない」

眞須美は一貫して犯行を否定したが、確かになぜ近隣住民を無差別に殺害する犯行に及んだのか、動機の部分はいまなおはっきりと解明できていない。

状況証拠をめぐって長い裁判が続いたが、2009年4月21日に眞須美の死刑が確定。また、夫の健治も2000年に保険金詐欺で懲役6年の実刑判決が確定している。

確定直前、眞須美は弁護士を通じ次のようなコメントを発表している。

「私は殺人の犯人ではありません。真犯人は別にいます。すべての証拠がこんなにも薄弱であって犯罪の証明がないにもかかわらず、どうして私が死刑にならなければならないのでしょうか。もうすぐ裁判員制度が始まりますが、同制度でも私は死刑になるのでしょうか。無実の私が、国家の誤った裁判によって命を奪われることが悔しくてなりません」

いまなお獄中から「徹底抗戦」

だが、死刑が確定してからも、眞須美の「無実」を訴える活動はますます拡大することになる。再審請求はもちろんのこと、国やメディアを相手取り、何度も民事訴訟を繰り返し、一部で勝訴している。

２０１７年3月には再審請求が棄却。次女による「母がカレー鍋の見張り役から離れた時間が20分以上あった」という証言は、証拠として採用されなかった。

事件後、「ポイズン」などと呼ばれいじめを受けた長男は、いまも地元に住みながら母との面会を続けている。ちなみに夫の健治や娘たちは、さまざまな理由から眞須美と関係を絶っている状態であるという。

林 眞須美の言葉

「1日も早く、死刑囚から生還せねばと、自分に負けてしまわぬようにと過ごしています」

コラム

文献に残された「死刑囚の最後」

暴れる者は少なく多くは死を受容する

死刑囚の「最後の瞬間」については、過去多くのジャーナリストたちが個別のケースを関係者に取材し、その人生の締めくくりを伝えている。

それらによれば、最後まで執行に抵抗し、時に暴れたりする者もいたようであるが、それは少数でほとんどの死刑囚は静かに自身の命運を受容していることが分かる。

昭和の死刑囚の最後の瞬間をリポートした名著に大塚公子の『死刑囚の最後の瞬間』（角川文庫）がある。そこに描かれた有名死刑囚の最後をいくつか紹介しよう。

１９６１年の「ホテル日本閣殺人事件」で死刑が確定したのは、女性死刑囚として戦後初めて執行されたことで知られる**小林カウ**（享年61）だった。

男女3人を青酸カリなどで殺害したカウは、1970年10月29日に執行された。前日に執行を伝えられると「もう1日だけ待っていただけませんか」と頼んだという。もちろん却下されたが、翌日には堂々とした態度で刑場に赴いたという。最後にはすしを食べ、薄化粧をして死刑台に立ったカウは、次のように述べた。

「思い残すことも、言い残すこともありません」

男を手玉に取った稀代の悪女の見事な散り際だった。

男性死刑囚の場合、最後の瞬間に両親、特に母の存在を想起するケースが少なくない。1960年の「母親バラバラ殺人事件」の**奥野清**（享年43）もまた、自身が殺めた母への思いを語った死刑囚だった。

1967年11月16日、奥野は「お母ちゃん、いま行くで、待っとれよ」と言い残し、刑場の露と消えた。

死の前日に母親と面会することができたのは、1967年の「横浜母子強盗殺害事件」の**堀越喜代八**（享年37）である。

1975年12月6日、執行前日の堀越を母が訪ねた。当時は執行が事前告知されていたため、死刑囚には家族との面会が許されていた。

「許しておくれ。お前をこんな目に合わせたのは母さんだ」

泣く母に、堀越も泣いて語った。

「母さん、俺が死んでも悲しまないでくれ。俺はあの世で被害者に会えるんだ。お詫びもできる。母さん、少し先に行ってしまって悪いけど、向こうでは、俺はまじめないい息子で待っているからな。母さん、長い間苦労かけて悪かったよ」

堀越は、母が持参した法華経の写経を腹に巻き、死刑に臨んだ。

暴れに暴れて死んだ男たち

一方、最後まで死に抵抗するやっかいな死刑囚もいた。伝説的に語られるのは、1967年の「女子高校生殺害事件」の**佐藤虎美**（享年41）である。

佐藤は1審で無期懲役判決を受けたものの、控訴審で死刑となり、そのまま刑が確定した。この判決に佐藤は反発し、死を受け入れる態度は一切見せなかったという。

1982年11月25日。当時41歳の佐藤は再審請求の手続きを考えようとしていた。午前8時ごろ、佐藤の房の前にいつもとは違う刑務官がやってきた。

「所長がお呼びだ」

1970年代後半まで、死刑は前日までの告知が基本だった。だが、この制度は予告なく変更され、80年代以降は当日告知に変わっている。

所長室に入った佐藤を待ち受けていたものは、非情な宣告だった。

「佐藤君。残念だが、お別れのときがきました」

佐藤は激昂した。

「なんでだっ！　再審の手続きをしようとしていたのに、なんで執行なんだ！」

身長180センチ、体重100キロ以上あった佐藤が暴れだした。必死で制止する刑務官。

「法務大臣の執行命令が届いている。命令に従わなければならない」

だが、佐藤は文字どおり命がけの抵抗を始めた。

「やられてたまるかあッ！」

数人がかりで手錠をかけ、刑場までの150メートルあまりを引きずっていく。教誨室に流れる線香の煙で、一瞬佐藤がおとなしくなった。

だが、腰縄と手錠を外した瞬間、佐藤は再び暴れだす。

あとは、文字どおりの格闘だった。人海戦術で暴れまわる佐藤を制圧し、無理やり首に縄をかけ、そのまま踏み板を開けた。執行までに50分もかかったという。

大阪拘置所長が書き残した死刑の記録

本書の冒頭でも紹介した玉井策郎・元大阪拘置所長は、1953年に『死と壁』(創元社)という本を出版している。

1949年から53年までの間に、46人の執行に立ち会った玉井氏は、ある死刑囚Sの告知から執行までの態度を克明に記録している。まずは告知のシーン。

「この×日が私の被害者の命日なんですが、もし出来ればその日に何とかして執行して頂きたいと、前々から教育課長さんや、管理部長さんに、そういう手続をとって下さいとお願いしているのですが、まあその日にうまくされるといいですが……。所長さん、何とかなりませんですか」

こう語る彼の、眼の前に置かれた身分帳の中に、その命日という日の午前十時に、彼を執行せよという赤罫紙の指揮書が挟まれているのだ。私はそのことを知り、彼はまだ知らない。規則として私の口から、その日時を知らすことは、執行当日、刑場でないと出来ないのだ。

「被害者の命日に執行して欲しいとは、どういう意味で……」

私は無理につくった微笑をもって、なおも応対を続けた。

「なんの罪もない人を、自分が泥棒に入って見付かっただけの理由で、殺してしまったということは、どう考えてみても被害者に申訳のないことです。また、遺族の方の私に対しての気持を想像いたしますと、私の死ぬことだけがそれ等の方へのお詫びです。せめて私の殺される日が、被害者の命日であれば……」

言葉の終りには、彼はうなだれながら唇をかすかにけいれんさせているのが見られるだけで、私にはハッキリと聞きとることが出来なかった。

「そんな気がしますか」

私は彼の顔を真正面に見続けながら次の言葉を切り出した。

「実は君の今の心境での願いが聞き届けられたと言う訳でもないでしょうが……」

ここまで言った瞬間、彼の比較的血色のいい顔にサッと蒼さのつっぱしったのが私に感じられた。傍の教育課長の視線も焼きつくようにSに注がれている。私は間を置かず、なおも言葉を続けた。

「近々のうちに君とお別れをしなければならないという事を今ここで知らせなけ

ればならないのです」

いままで、あれ程平気をよそおっていた彼も、訣別の言葉の衝撃に、明らかにろうばいしていることは、全身が石像のように硬直していることで読みとられた。これはSに限らず、今迄私が経験した凡ての死刑囚がそうであった。

「**どうかその時刻まで生かせておいて下さい**」

次は、執行直前のSのふるまいである。

「所長さん、もうこれで言いたいことも言ってしまいました。心も至極平穏です。ただもうお願いしたいことは、私が○○さん（被害者）を……殺したのが、四年前の今日の午前十時半から、十一時迄の間でした。もう何分の時間があるか知りませんが、どうか、その時刻まで生かせておいて下さい。お願いいたします」

私はもうこれに答える必要がなかった。というのは、その時刻はもう既に過ぎ去っているであろうことを感じていたからである。私は喉で何かがつまるような思いで、彼の顔を真正面にみた。そして眼で最後の人間に対する親愛を表示した。

「もう言いたいことはそれだけですか」

「ハイ………」

彼は一寸俯いて何かを考えるようにしていたが、

「それにもう一つご無理申したいことは、今執行されるという時に、南無阿弥陀仏を静かに三唱さして下さい」

と言って、私をジッとみつめていたが、その眼は水晶のように美しく輝いていた。

（中略）

Sが保安課長の手によって、手錠をはめられ、目かくしを施されると、私は立ち上がってSに握手を求めた。彼の重苦しい息遣いが、私の心臓を、じかに刺戟するように私を圧迫してきた。幾分幻覚的とでも言うべきこの瞬間の私の心が如何なるものであるか、概略をお話しすることすら容易でない。今、眼の前で、言葉をかわし握手する血の通った人間が、数分後に、いや十数秒後に、人間の最も怖れる死者の体を、生の世界に曝け出す。私は、このいのちの転換する無ざんな一瞬を、ことこまかに確認する意味において見ていなければならないことを考えると……。

「S君、本当にこれが最後のお別れだ、何かもう言い忘れたと思うことはないかね？」

「ええ、何もありません。もう所長さんの顔も見えませんが、長い間、色々と有難うございました。あとに残った死刑囚もかわいがってやって下さい。お願いします。では……では……さようなら、有難う、有難うございました」

かすれたような声でそう言って、強く強く私の手を握り締めていた。

「あなたの、今までの態度は大変立派でありました。私も、君に言うことはもうなにもありません。ここから刑壇迄の道は平坦ですから、安心して歩いて下さい。では、安らかに……さようなら……」

私も彼の手を力強く、グッと握りしめた。私とSとの別れが済むと、教育課の二人の看守長が、彼の両脇に腕を通して、

「では、行きましょう」

と静かに刑壇に向かって歩き出した。それを合図に、チーン、チーンと鐘が鳴らされて一斉に讃仏歌四弘誓願の合唱が始まった。

衆生無辺誓願度
煩悩無趣誓願断
法門無尽誓願学
仏道無上誓願成

山を登るように、谷を下るようになだらかにふしづけられた、人々の合唱に送られて、両脇に抱えられながら、一歩一歩、Sは見えない眼で刑壇に近づいていった。ああ、此の光景!!

哀愁、惨酷、悲壮、厳粛、如何なる言葉も、これをその光景にあてはめることは不可能であろう。いならぶ人々の眼には涙が光っている。またある人の顔には名状し難い痙攣がつづけられている。縦五尺、横三尺の刑壇の中央に、介添の二人の看守に強く腕をつかまれて、東向にSが立たされると、彼の背後に太いロープの輪を拡げて待機していた看守はすばやく、その輪を彼の頭からスッポリとかぶせた。

彼は直立の姿勢で、手錠をはめられた手を静かに合掌した。足が幾分ふるえているのが見受けられる……。

子で繰り返した。そして三回……。

「なむ……あ……みだぶつ」

カラカラにかすれた小さな声が、彼の喉から絞りだされるように途切れ途切れに出てくるのを、立会者一同は悲痛な気持で聞かねばならなかった。一回言い終わると、生つばをゴクリとのみ込んで、また続けて南無阿弥陀仏と同じような調子で繰り返した。そして三回……。

これが此の世におけるさいごの声であった。念仏を唱え終わると、彼は教えられたように、口を固く結んで頭を一度うなづくように振ってみせた。瞬間ロープの輪は、咽喉のところでギュッと締められたと同時に、白布で眼を覆われた顔にサッと血がのぼって其処で凝結したように、真ッ赤になった。

読経は相変わらず同じ調子で、此の建物の中一杯に、大揺れに揺れている。刑壇から数尺離れて、七、八名の係職員の眼が、尖い緊張の光を走らせて、吸いつけられる様に彼の首の廻りに注がれている。

ロープの輪の結び目の中心が素早く点検されると、よしッ!!と言った表情で保安課長の右手がサッとあげられる、同時に、把手を引く係員の手がグッと手元によせられた。彼の立っている刑壇の板が、キャッチをはずされて、Sの重みで、物凄い大きな音を立てて開かれると、穴の中に吸い込まれるように、合掌の姿のまま、サーッと落ちていった。Sが刑壇に立ってから、此の間が、僅かに数秒の出来事である。

ただ事実の重みに圧倒される。死刑について考えさせられる内容である。

6

第5章　真実

File 34

山田浩二

寝屋川中一男女殺害事件（2015年）

死刑確定　2020年11月26日
死刑執行　未執行

密室の車中で失われた2つの命

「殺すつもりはなかった。ただ気がついたら、手が首に触れていた」

「ショックで生き返らないかと思った。よみがえれとカッターナイフで切った」

大阪地裁での公判中、証言台に立ち、そんな供述を繰り返す男の姿があった。

2015年8月13日、京阪電鉄寝屋川市駅周辺で中学1年生の男女が行方不明になり、間もなく、少女は刺し傷だらけの変わり果てた姿で高槻市内の駐車場で発見された。同月21日には、柏原市の竹林で少年の一部白骨化した遺体が見つかり、数時間後に山田浩二が逮捕された。見つかった2人の遺体は、どちらも顔などをガムテープでぐるぐる巻きにされていたという。

取り調べに対し山田は黙秘。車中という密室空間で何が起き、なぜ２人の子供がこのような無残な死に至ってしまったのか、何も明らかにならないまま大阪地裁での公判が始まろうとしていた。

２０１８年11月１日、初公判の日。罪状否認に入ろうかという時になり、いきなり山田が土下座を始めた。床に頭をつけ、涙を流しながら謝罪を繰り返した。

「経緯はどうであれ、私のしたことが死の結果を招いてしまった。申し訳ありません。本当にごめんなさい」

この「経緯はどうであれ」という言葉に込められた真意が、その後の罪状認否で明らかになる。

山田の主張によると、少年は熱中症などによって車中で突然命を落としたという。少女の提案で少年の遺体を遺棄した後、車中で少女と言い争いになり、大声を上げる少女の口を手で塞ごうとした。体が揺れているうちに首に手が入り気づいたら少女が亡くなっていたという。つまり、少女に対しては殺意のない「傷害致死」、少年に至っては熱中症による病死であり自分は「無罪」であると主張したのだ。

しかし、事件から１週間以上経ってから、山田は少年の遺体遺棄現場に戻り、ごみ箱から拾ってきた精液入りコンドームやティッシュを遺体の脇に置くといった不可解な工作までしている。あるいは、少年の遺体を遺棄する際に少女が逃げないようガムテープで両手を縛ってもいる。さまざまな状況と主張がかみ合わず、結局、事件の核心が見えないまま、大阪地裁は「具体的なところは分からず、何らかの事情を契機として突発的に殺意が生じた可能性も否定できない」といった曖昧な認定により、2018年12月19日に死刑判決を下した。

しかし、ここから山田の迷走が始まる。

カッとなり控訴取り下げ書を提出

2019年5月18日、ボールペンを就寝時刻の21時までに返却できず刑務官と口論になった山田は、パニックから自暴自棄になり、とっさにインターホンを押して控訴の取り下げ書を提出してしまう。自ら死刑を確定させてしまったのだ。

しかし、山田はその早まった行動をすぐに後悔し、同月30日には控訴取り下げの無効を大阪高裁に申し入れた。審理の結果、12月17日に取り下げの無効が認められ、山田は再び未決囚になる。しかし、検察の異議申し立てによって、その高裁の決定が取り消されてしまう。そこで今度は弁護側が最高裁に特別抗告を申し立てるという緊迫した状況が続くなか、2020年3月24日、手紙の制限などをめぐって刑務官の対応に不満を募らせていた山田は、再び突発的にインターホンを押し二度目の控訴取り下げを申し出たのだ。

最初の控訴取り下げ無効をめぐって攻防を続ける最中に、本人による再びの控訴取り下げという前代未聞の事態に一番仰天したのは奔走していた弁護士だっただろう。今回も弁護士の説得を受けて再び「控訴取り下げは無効」と申し入れた山田だったが、さすがに今度ばかりは裁判所も首を縦には振らず、同年11月26日、控訴取り下げは有効と決定した。弁護側はすかさず異議申し立てをしている。

二転三転が続く控訴取り下げだが、山田が今なすべきことは安易な取り下げで事件の幕引きをはかることではなく、いまだに見えてこない殺害に至ったきっかけや、その動機を明らかにすることではないだろうか。

山田浩二の言葉

「パニックになってしまうと**自分自身**を**見失**ってしまうので、
どうすることもできないが、ならばパニックにならないよう、
どんなことがあってもパニックを**起**こさないという**自覚**を**持**てばいいんだ」

File 35

八木 茂

本庄保険金殺人事件（1995～99年）

死刑確定 2008年7月17日
死刑執行 未執行

話題を呼んだ連日の「有料記者会見」

1999年から2000年にかけ、ワイドショーに連日のように登場した埼玉・本庄保険金殺人事件の主犯・八木茂。特異なキャラクターに加え、マスコミを相手に長期間、自ら経営するカラオケスナックで「有料記者会見」を開くなど、さまざまな意味で話題を集めたが2008年に死刑が確定した。

男性2人が計画的に殺害されたこの事件には八木の愛人3人が関与しており、武まゆみに無期懲役、フィリピン国籍のアナリエ・サトウ・カワムラに懲役15年、森田考子に懲役12年の判決がそれぞれ下された。なお有期刑の2人はすでに出所している。

1995年、埼玉県・本庄市内で金融業を営んでいた八木茂（45歳）は借金を返済するために90年代前半から保険金殺人を計画。フィリピンパブ従業員だったアナリエと被害者男性（45歳）を偽装結婚させたうえ、トリカブト入りのパンを食べさせて殺害。約3億2000万円の保険金を受け取ることに成功した。

これに味をしめた八木は1997年、同様の手法でパチンコ店従業員男性（51歳）と森田考子を偽装結婚させる。男性は八木に借金があり、言いなりの状態に置かれていた。八木は男性に多量の風邪薬を飲ませるなどして1998年5月に殺害した。

メディアの前で饒舌に「潔白」を訴えた八木茂

だが、同時に進んでいた塗装工の男性（38歳）に対する「第3の保険金殺人」が未遂に終わり、この男性が警察に駆け込んだことから、事件が発覚する。死亡したパチンコ店従業員の火葬は直前でストップがかかり、連続保険金殺人疑惑としてマスコミに取り上げられることになる。

だが、八木の真骨頂は疑惑が発覚してからだった。

積極的に記者をカラオケスナックに招き入れると、1社6000円という「入場料」を徴収し、自らの潔白と警察、マスコミ批判を展開。また壁に「よい記者、悪い記者」といったランキング表を張り出したり、突っ込んだ質問をする記者を殴打するなど、半年以上にもわたってパフォーマンスを繰り広げた。

当時、日本ではインターネットが急速に普及しており、「本庄事件」の情報をまとめたサイトも登場。報道とネットが連動するようになった初期の事件としても有名になった。

愛人たちの証言で追い詰められる

だが、八木が放言を繰り返している間に、保険金殺人の捜査は着々と進んでいた。2000年3月24日、八木と3人の愛人たちは同時に逮捕されたが、きっかけはフィリピン国籍のアナリエが国外脱出を試みようとしたことだった。

頑強に保険金殺人への関与を否定する八木に対し、従属的な立場にあった女たちはあっさりと犯行を証言した。

公判で、犯罪に加担した動機を聞かれた武まゆみは「一番の愛人でいたかった」

と、「ナンバー1」をめぐる女の争いがあったことを明かしたが、やがて「もう何の感情も持っていない」と八木を突き放した。

殺害方法をめぐって裁判は長期化したが、2008年7月17日に八木の死刑が確定。共犯者で事件への関与度が高かった武まゆみは、積極的な捜査協力が評価され死刑は免れた。

八木は現在も再審請求を続けているが、新規性のある証拠はない。2016年には第2次再審請求を行い、「ますます闘志がマグマのように煮えたぎっている」とのコメントを公表。また無罪になって出所したときのために「ヨガに励んでいる」ことも明かした。

死刑確定後の八木と面会を続けるジャーナリストによれば、八木は拘置所内で「八木さん」と呼ばれており、壁にはAKB48のポスターを貼っていたという。

八木 茂の言葉

「無罪になれば、国家賠償金5億円が入る」

File 36

光市母子殺害事件（1999年）

福田孝行（大月に改姓）

死刑確定 2012年2月20日
死刑執行 未執行

異例の「高裁差し戻し」判決

犯行時少年（20歳未満）でありながら、被害者遺族の強い働きかけが判決にも影響を及ぼしたと言われるのが、1999年に山口県の光市で起きた母子殺害事件である。当時18歳の少年が、面識のない母親（当時23歳）と乳児（11カ月）を殺害し、暴行した事件。1審、2審は無期懲役としたが、最高裁が高裁判決を破棄し差し戻したことにより、最終的に死刑が確定した。

少年法は犯行時18歳未満に死刑を科すことができないと定めているが、福田は犯行時18歳と30日。結果的に、この30日が福田の生死を分ける「決め手」となってしまった。

1999年4月14日、強姦目的で光市の製鉄会社社宅アパートに侵入した水道工事会社社員の福田は、排水検査を装って本村洋さん（23歳）宅に侵入。抵抗した妻の弥生さん（23歳）の首を絞めて殺害後に姦淫し、さらに泣き声を上げた生後11カ月の長女も絞殺した。

母子が殺害された光市の社宅アパート

福田は弥生さんの財布を奪い逃走したが、4月18日に逮捕される。福田は前科こそなかったが、中学時代に実母が自殺するなど円満とはいえない家庭環境にあった。

裁判では、被害者の夫である本村洋氏が強く死刑を望む意思を明らかにした。だが、2000年3月22日に言い渡された1審判決は無期懲役。本村氏は「司法に絶望した。早く社会に出してほしい。私がこの手で殺す」と述べ、控訴した。

世論が大きく動いたのは、控訴審が始まってから1年以上が経過した2001年4月のことだった。検察側は、福田が1審判決前から判決後までに友人に出した手紙の内容を証拠として提出。そこにあったものは、福田の不謹慎極まりない言葉であった。

「無期はほぼキマリで、7年そこそこで地上にひょっこり芽を出す」

「犬がある日かわいい犬と出会った。そのままやっちゃった。これは罪でしょうか」

無期懲役が確定すれば、7年で仮釈放になることは絶対にあり得ないが、いずれにせよ被害者を挑発するかのような福田の「無反省ぶり」が大きく報道されると「こんな鬼畜が無期懲役でいいのか」という国民感情が一気に高まる。

それでも広島高裁はいったん、無期懲役とした1審判決を支持したが、その後最高裁が審理を差し戻したことが決定打となった。差し戻し審で、福田は長女の遺体を押し入れの天袋に入れた理由について「ドラえもんが何とかしてくれると思った」という荒唐無稽な動機を語ったが、判決を変えることはできず、福田の死刑が確定した。

「とんでもないことをしていた」

福田は死刑が確定する直前、面会した記者らに判決を変えるきっかけとなった「不謹慎な手紙」についてこう語っている。

「むしろそこが（裁判の）スタートだった。とんでもないことをしていたことにようやく気づいた」

事件から判決まで13年、被告の死刑を望んできた本村さんは2009年に再婚した。死刑確定時にはこうコメントしている。

「いつまでも下を向いて生きるのではなく、事件を考えながら前を向いて笑って自分の人生を歩んでいきたい。無残に人生を絶たれる被害者がいなくなることを切に願っている」

2012年10月、福田は「殺害の意図はなく、傷害致死罪に該当する」などといった趣旨の再審請求を行っている。すでに事件発生から20年以上が経過した。38歳になった福田はいまも広島拘置所にいる。死と向き合い続ける福田はいま、何を思うのか。その言葉は外部に伝えられることはない。

福田孝行の言葉

「生きたいとは言えません。よければ生かしてください」

File 37

宅間 守（吉岡に改姓）

附属池田小事件（2001年）

死刑確定 2003年9月26日
死刑執行 2004年9月14日（享年40）

史上最悪の児童殺傷事件

2004年9月14日、宅間守（吉岡に改姓）の死刑執行のニュースは、大きな驚きを伴って日本中を駆け抜けた。

死刑確定からわずか1年、確定順で言えば当時最も若い1人であった宅間が処刑されたことは、「できるのなら、いつでも、誰でも」という当局の明確な方針のあらわれだった。

幼い児童8人を殺した宅間に世間の同情は皆無で、しかも本人が「法で定められているとおり、確定から6カ月以内で執行しなかったら訴える。できれば3カ月」などと挑発していたことを考えれば、真っ先に執行されておかしくない状況は揃っていた。

宅間は獄中で結婚している。執行当日、大阪拘置所の職員は妻のもとを訪れ、執行の連絡をしたという。宅間の様子については、暴れることもなく執行を素直に受け入れたと伝えられた。

校庭に避難した池田小の生徒と実行犯の宅間守（右）

また、妻への遺言として宅間は「ありがとうと僕が言ってた、と伝えてください」とそう看守に伝えたという。鬼畜と呼ばれ、社会から憎悪を浴び続けた男が最後に見せた「人間らしさ」だった。

２００１年６月８日、大阪の附属池田小学校に乱入した宅間は、８人の児童を刃物で一気に惨殺するという前代未聞の凶悪事件を起こす。

その結果もさることながら、問題は裁判だった。反省するどころか、遺族を中傷し、世間に責任を転嫁し、開き直り続けたのである。

「しようもない貧乏たれの人生やったら、今回のパターンのほうがよかったのかもしれません。いずれにしても、死ぬことはビビッていません」

「遺族かどうか知らんけど、そこまで踏み込んでいう権利は、おまえらにもないやろうといいたい」

たった1回だけに終わった判決公判の際には入廷直後からこう言い出した。

「ちょっと、言わせてくれ。死刑になるんやろ。これまでおとなしくしてたやろ！」

このとき強制退廷させられた宅間が言おうとしていたことは、遺族への非難、社会への呪詛の言葉であったという。

宅間の生い立ちは暗く、重い。精神病での通院歴や4回の離婚、自殺未遂。宅間の犯罪は前頭葉に問題があるのではないかという所見もあり、弁護団の請求により二度の精神鑑定が行われた。それによれば、宅間の犯行時の制御能力は「2、3歳程度の水準にまで」退行していた可能性があるという。

だが、だからといって宅間を擁護する声はなかった。死刑廃止運動に携わる人たちですら眉間に皺を寄せる宅間の捨て鉢な言動を、メディアはこぞって報道し、世間の憎悪は増幅された。

エリートに対し、異常な敵愾心を燃やした宅間は、名門・池田小学校の子供たちを標的にした。それはあまりにも救いのない動機だった。

貫いた「イヤキチ」人生

確定後、獄中結婚して妻となった女性は、なんとか宅間から「贖罪意識」を引き出そうと努力したようだ。しかし、宅間の心境に明確な変化はなかった。

「なんで死んでまで社会のプラスになることをしなければならないのか。私なりのイヤキチ人生を最後まで貫く」

宅間が死後の献体について答えた言葉である。

超異例のスピード執行は、確かに遺族の感情を一定程度、癒やす効果はあったかもしれない。だが、強がり続けたこの男の「本心」が別のところにあったのではないか、という思いに対する答えは、もう求めることはできない。

宅間 守の言葉

「もうはよう、死にたい思うてたからほんま助かる。やっと死ねるんやなと思うとほっとしたわ」

File 38

マブチモーター社長宅放火殺害事件（2002年）

小田島鐵男（畠山に改姓）

死刑確定
2007年11月1日
死刑執行
2017年9月16日病死（享年74）

刑務所仲間と画策した強盗事件

小田島鐵男は、少年時代から窃盗や強盗を繰り返し、実刑判決を繰り返し受けてきた「懲役太郎」だった。

1990年6月には、刑務所で知り合った仲間とともに東京・練馬区の建設会社社長宅に押し入り、約3億円を奪う事件を起こした。同年小田島は逮捕され、懲役12年の判決を受ける。

服役した宮城刑務所で、小田島は守田克実と知り合う。2人は「出所したら大きな強盗事件を起こす」との約束を交わし、実際に2002年、小田島が出所すると、2年前に仮釈放されていた守田が合流。犯行計画を練る流れとなる。

59歳となっていた小田島は、事前に調べ上げた資産家のマブチモーター社長宅を狙い、現金を強奪する計画を立てた。最初から刃物を用意し、家人を人質に取って、最後には殺害するという残虐なシナリオである。

2002年8月5日、2人は千葉県・松戸市の馬渕社長宅に宅配業者を装って侵入。自宅にいた社長の妻（66歳）と長女（40歳）を殺害。現金数十万円や貴金属約960万円を強奪すると、ガソリンをまいて放火した。

2人は現場から逃走すると8月20日、あらかじめ用意していたパスポートでフィリピンに高飛びしている。

半生を刑務所で過ごした
小田島鐵男

だが、当初の計画よりも収穫が少ないと感じた2人は、1カ月後に帰国すると、再び同様の強盗事件を起こそうと考えた。マブチモーター事件の捜査が難航していたことも、2人にとっては「追い風」だった。

9月24日、2人は東京・目黒区の歯科医の男性宅に侵入し、現金35万円を奪ったうえで刺殺した。さらに11月22日、今度は千葉県我孫子市の金券ショップ社長宅に侵入。社長の妻（64歳）を殺害し、現金100万円を奪った。

一見、場当たり的な犯行を繰り返しているように見えた2人の凶行だったが、被害者が社会的な成功者とその家族であったことから、警察は犯行動機を怨恨か、金銭目的か絞りきれず、また一連の事件の関連性についても同一犯と断定することができなかった。

マブチモーター本社に「1本の電話」

事件の捜査が難航するなか、マブチモーター事件の遺族らは、犯人の逮捕につながる情報に対し1000万円の謝礼金を支払うと発表した。

2004年11月、かつて宮城刑務所に服役したという男が「事件と同じ犯行をやらないかと持ちかけられたことがある」と通報。有力な情報によって捜査は急展開を迎える。そのころ、事情を知らない小田島と守田の2人は、新聞で葬儀の広告を見て、通夜や告別式のタイミングで留守になった会社役員宅に侵入する手法で、総額数千万円を盗んでいた。

2005年1月20日、小田島と守田は夫が死去し、妻が葬儀に出かけた家に侵入したところ、警戒していた群馬県警に逮捕される。

裁判はあくまで窃盗事件に関するものだったが、マブチモーター事件を捜査していた千葉県警が小田島らのフィリピン出国を知り、現地で犯行を告白していたことなどを突き止め、2005年9月に2人を殺人の疑いで逮捕した。

3件の殺人を認めた小田島は2007年3月の1審における死刑判決後、自ら控訴を取り下げ死刑を確定させている。最高裁まで争った守田も2011年11月22日、死刑が確定した。

小田島は、ジャーナリストとの面会を続け、死刑を受け入れることや、窃盗を繰り返していた時期にフィリピン人女性との間にできた息子を案じる気持ちを吐露していた。しかし2017年に入って食道癌を患い、積極的な治療を望むことなく2017年9月16日、獄中で病死している。共犯者の守田は、いまなお再審請求中だ。

小田島鐵男の言葉

「守田は人生で初めての友人だった。出所しても会いたかった。そういう話でしか仲良くなれなかったから」

File 39

奈良女児殺害事件（2004年）

小林 薫

死刑確定
2006年9月26日
死刑執行
2013年2月21日（享年44）

控訴を取り下げ死刑確定

自ら死刑を望み、判決が出ると控訴を取り下げて確定させた点において、附属池田小事件の宅間と似ているのが、奈良・女児誘拐殺人事件の小林薫である。

宅間の場合、確定後も「早く死刑にしろ」とアピールし続けた結果、確定後1年でのスピード執行となったが、小林の場合はその後、再審、恩赦請求するなど生への執着を見せたものの、2013年2月21日、恩赦出願が棄却されたわずか2週間後に執行された。

2004年11月17日午後1時50分ごろ、新聞配達員小林薫（30歳）は、下校途中の小学生女児（7歳）に声をかけ誘拐。自宅マンションにて女児を風呂に入れさせたが、途中から「エッチ」と女児が不快感を示したため、「もう1回だけ潜水して」と言った小林は、そのまま女児の頭を押さえつけ殺害した。

その後、女児の体を傷つけたあと女児の携帯電話で撮影。「娘はもらった」というメールとともに、その画像を女児の母に送信した。報道によれば、その画像は正視に耐えない残酷なものであったという。

女児の遺体はその日深夜、奈良・平群町の側溝脇から発見された。

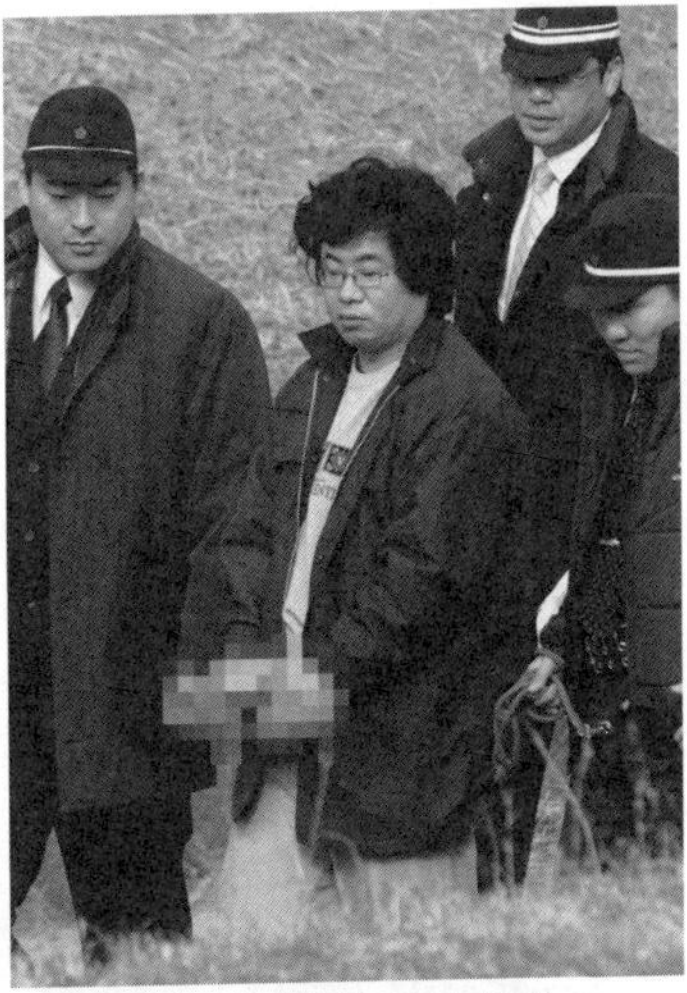

最後は生への執着を見せた小林薫

小さな町でこの事件が話題になると、小林は得意げに、自分の携帯に転送したその「ホンモノ画像」を行きつけのスナックのママやデリヘル嬢に見せびらかしていた。本物であるわけがない、と信じない者がほとんどだったが、画像を転送するなどした時点で、アシがつくのは時間の問題だった。

12月14日、小林は大胆にも再び母にメールを送る。

〈次は妹をもらう〉

ここまでくると、逮捕は時間の問題だった。年末の12月30日、小林は逮捕された。当初、小林に反省の色はなかった。

「反省しない。悪いことをしたとは思っていない」

宅間事件以降、児童に対する犯罪が厳罰化を辿っている流れに加え、いたいけな女児を残酷な方法で殺害した手口に対し、検察は死刑を求刑。

2006年9月、死刑判決が出ると、弁護側が控訴したものの、本人が取り下げる形でそのまま死刑が確定した。

小林は、月刊誌に手記を発表。たびたび、犯行事実について「真実」を書き換えている。

「死刑を望んでおり、減刑を求めていると受け取られるのは本意でない」「判決を早く下してほしい」と死刑確定に固執する一方で、「法廷で主張するつもりはないが実はこれが本当だった」などと語った。

入浴準備中に刑場へ連行

被害者は1人ながら死刑が確定した小林は、その後、再審請求に転じる。「取り下げ時には追い詰められた精神状態にあった。判決には不満がある」と説明したが、自分勝手な主張が認められるはずもなく、請求は棄却された。

大阪拘置所で小林の3つ隣の房に拘置されていた人物の証言によれば、執行の日、小林は朝の点呼のあとすぐに刑場に連れて行かれたという。この日は、小林が一番風呂に入る予定だったため、準備された洗面器がバッグの上に置かれたままだった。

点呼は7時45分ごろ。そして死亡確認時刻は8時4分。小林が執行を知ってから絶命するまでの時間はほとんどなかったことになる。

小林 薫の言葉

「後悔を本当にしていることだけは信じてほしい」

File 40

山地悠紀夫

大阪姉妹強盗殺人事件(2005年)

死刑確定 2007年5月31日
死刑執行 2009年7月28日(享年25)

最初の殺人は少年時代

死刑囚・山地悠紀夫は犯行時年齢22歳、執行時年齢25歳。まれに見る20代での死刑執行は、1979年の黒岩恒雄(享年29)以来、30年ぶりであった。その早い執行の理由は、山地本人が控訴を取り下げ、死刑を確定させたことだけではない。

山地は2000年、16歳のとき実の母(50歳)をバットで撲殺し、中等少年院に送致されていた。2004年に本退院するまで保護観察下にあったが、この「最初の殺人事件」がなければ、これほど早い執行はなかったかもしれない。

母子家庭だった山地が母を殺害したきっかけは、家の借金について母が説明しなかったことや、山地が交際したいと考えていた女性に対し、母が無言電話をかけたこと

罪と向き合うことを最後まで拒否した山地悠紀夫

だった。

山口市内に住み、新聞配達をしながら生活していた山地は、電気、ガス、水道が止まった家を飛び出し、福祉施設にいた父方の祖母を訪ねた。祖母と山地の母は折り合いが悪かったが、山地が慕っていたのは祖母のほうだった。

「料金の未払いで水が出ない。仕方がないので風呂にたまった水で顔を洗ったり、トイレもその水を使っている」

山地は祖母に苦境を訴えたが、どうして料金が払えないのか、母は説明してくれなかった。母が、自分の財布からときどき金を抜き取っていることも知っていた。

帰宅した母を問い詰めると、逆に「1人で生活すれば。勝手に出て行けばいい」と突き放された。

そして、山地は母を撲殺する。最初は素手で殴ったが、次に生前、父が買ってくれた金属バットで殴った。母が息絶えた後、山地は自身が性的興奮を覚え射精していることに気づいたという。この性的サディズムは少年院時代にも消えることがなかった。

少年院を退院後、パチスロのゴト師グループなどに所属した後、山地は大阪で野宿生活を続けていた。

2005年11月17日、山地は大阪市浪速区のマンションの一室に侵入。午前2時半ごろ帰宅した姉(27歳)を強姦し殺害。さらにその後帰ってきた妹(19歳)も同様に殺害した。さらに犯行を隠すために現場に火をつけ逃走している。

現場に指紋を残していた山地の犯行はすぐに発覚し、逮捕される。精神鑑定の結果、責任能力は十分にあるとの結論となり、まったく反省の言葉もない山地は1審で死刑判決。控訴後、すぐに自らそれを取り下げて死刑が確定した。

「生きていても仕方がない」

山地は裁判でまったく反論しない一方、死刑を望むかのような発言を繰り返し、被害者に対する謝罪や事件への反省を述べることはなかった。死刑判決後、弁護士には「自分は生まれてくるべきではなかった。お世話になりました」と手紙を送り、弁護士からの手紙は受け取りを拒否した。

「死刑でいいです」の寂寥荒野

山地が公判などで繰り返し述べた「死刑でいいです」という言葉は有名になり、ジャーナリストによる同名の書も出版された。

だが、山地は多くの死刑囚がそうするように、支援者と文通したり、外部に向け考えを発表するようなことは一切しなかった。最後は弁護士とも連絡を絶っている。

伝えられたところによれば、執行直前、山地は「遺骨と遺品は国で処分してください」と希望を述べたという。

山路の起こした事件を契機に、少年院における教育プログラムについて専門家の間でさまざまな議論がなされたが、どういった教訓がもたらされたかははっきりしない。

山地悠紀夫の言葉

「自分を一番理解してくれる人に会うと次に会うのが楽しみになる。だから会いたくない」

File 41

神田 司

名古屋闇サイト殺人事件(2007年)

死刑確定 2009年4月13日
死刑執行 2015年6月25日(享年44)

共犯者のなかで最初に執行

共犯の複数の死刑囚は、同日に執行されるのが原則である。しかし2007年に世を震撼させた名古屋闇サイト殺人事件の場合は、3人の共犯者がいながら、神田司のみが2015年に執行された。

神田は2009年に死刑判決を受けたが、自ら控訴を取り下げ刑を確定させていた。残る2人について、川岸健治は求刑こそ死刑だったものの、自首が認められ無期懲役判決が確定。また堀慶末は1審で死刑となったが、2審で無期懲役に減刑され、その後無期懲役刑が確定。

ところがその直後、堀が別の強盗殺人事件を起こしていたことが判明。新たに裁判が始まり、２０１９年７月19日、最高裁は上告を棄却して今度は死刑が確定した。

名古屋闇サイト事件は世にもまれなる凶悪事件だった。２００７年８月、携帯電話の闇サイト「闇の職業安定所」で堀慶末（32歳）と川岸健治（40歳）が知り合い、さらに新聞販売員の神田司（36歳）ともう１人の男（29歳）もそこに加わった。闇サイトは、共同による違法行為を募る場所として機能しており、４人は強盗を計画する。

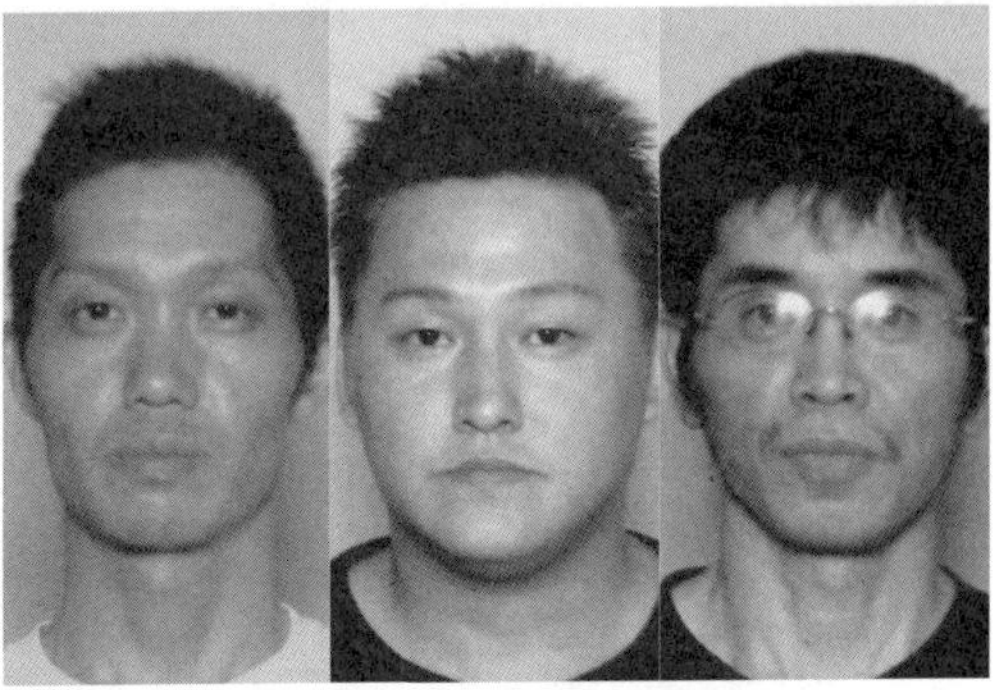
執行された神田司（左）、別事件で死刑が確定した堀慶末（中）、無期懲役の川岸健治（右）

８月23日、最初に試みた事務所荒らしが失敗し、29歳の男が離脱。翌日、残る３人は名古屋市千種区の路上で帰宅途中のＯＬ・磯谷利恵さん（31歳）を車で拉致し、現金とキャッシュカードを奪い、包丁で脅して暗証番号を聞き出した。
闇サイトで知り合った３人は互いの素性を知らず、本名すら知らないままだった。互いに虚勢を張り合った結果、犯行はエスカレート。8月25日深夜、川岸が車内で磯谷さんに暴行しようとしたが、抵抗され未遂に終わったため、3人は磯谷さんの顔に粘着テープを巻いたうえ、首をロープで絞め、金槌で殴打するなどして殺害した。

その後朝になり、生前に聞き出していたキャッシュカードの暗証番号で現金を引き出そうと試みるも、暗証番号はウソで未遂に終わる。3人はさらに風俗嬢を襲う計画を立て、夜に集まる約束をしたが、発覚を恐れた川岸が午後1時に自ら警察に通報。「死刑になるのが怖かった」という川岸の裏切りで、堀と神田も逮捕された。

裁判では、もともと信頼関係などまったくなかった3人は、互いに責任をなすりつけた。ただし、何とか死刑を回避しようとした堀と川岸に比べ、神田は当初から「死刑を受け入れる」と自ら死刑を望む姿勢を見せ、実際に1審で死刑判決を受けた後、弁護人にも相談なく控訴を取り下げ死刑を確定させた。

無期懲役と死刑の間

前述のとおり、川岸は自首が評価され1審無期懲役。しかし、娘を奪われた母の富美子さんが「納得できない」と加害者全員への死刑適用を求める署名運動を開始。活動は世論の支持を受けたものの、堀と川岸の無期判決は確定した。

だが、母の思いが天に届いたのか、堀の無期懲役が確定した直後、1998年に愛知県碧南市で起きたパチンコ店長夫婦殺害事件、および別の強盗殺人未遂事件に堀が関与していたことが判明。改めて裁判が開かれ、堀の死刑が確定した。

堀は過去の殺人事件を平然と隠しながら、法廷では「反省している」と繰り返していたことになるが、共犯者の神田がすでに執行されているだけに、堀はこれから厳しい立場に置かれることは間違いないだろう。

堀の死刑確定を受け記者会見した被害者の母・富美子さんは、判決を評価するとともに「裁判では『生きて償う』と繰り返していた。人の命は簡単に奪っておきながら自分の命は大事ということで、全く反省していない」と断罪した。被害者遺族の強い行動力が世論を動かした事件だった。

神田 司の言葉

「こうなることは分かっていました。被害者のお母さん、おばさん、付き合っていた彼、友人、会社の同僚に対し命を以て償います」

File 42

土浦連続殺傷事件（2008年）

金川真大

死刑確定
2009年12月18日
死刑執行
2013年2月21日（享年29）

またも発生した「死刑志願」殺人

ほとんどの死刑囚が、執行を回避すべく対策するなかで、まれに「早く執行してほしい」と訴える死刑囚が存在する。24歳のとき、無差別に2人を殺害、7人に重軽傷を負わせた金川真大もまた、「死刑志願」の凶行に走った死刑囚の1人である。

高校を卒業後、生きる目的を失い思い悩むようになった金川は、家族との会話もほとんどなく、次第に自殺願望を募らせるようになる。父が定年退職すれば、唯一の没頭対象であるゲームができなくなると考えた金川は、父の退職が近づいた2008年3月、自らが死刑判決を受けるための無差別殺人を計画する。

3月19日、惨劇は起きた。金川の当初の計画ではまず、そりの合わなかったすぐ下

確定後は外部との交流を拒否した金川真大

の妹を殺害することだったが、あいにく妹はその日出かけていた。朝、マウンテンバイクで自宅を出発した金川は、小学校を襲撃すべく向かったが、卒業式が行われており、人が多すぎるのを見て断念。近くに住む72歳の男性宅を訪れ、自転車の空気入れを貸りたが、男性が後ろを向いた瞬間に用意していた文化包丁で首を刺し、失血死させた。男性とは面識がなかった。

現場に放置されたままのマウンテンバイクから、すぐに金川に容疑がかけられた。しかしそのとき、すでに金川はいったん徒歩で帰宅し着替えた後、常磐線の荒川沖駅から都内に向かい、散髪してビジネスホテルにチェックインしていたのだった。

3月21日から22日にかけ、金川は母からのメールに対し、警察を挑発するメールを返信。事態を重く見た警察は、金川を指名手配する。

3月23日午前11時、土地勘のある荒川沖駅に戻った金川は、張り込んでいた刑事をあざ笑うかのようにサバイバルナイフで次々と通行人を切りつけた。27歳の男性会社員が失血死し、7人が重軽傷を負った。金川はその場で取り押さえられ、現行犯逮捕されている。

本心を見せずに散った29年の人生

「7、8人殺せば死刑になると思った」

あまりにも身勝手すぎる無差別テロは、日本社会を震撼させた。「必要なのは刑罰ではなく治療なのではないか」という議論も巻き起こり、金川は精神鑑定にかけられたが、責任能力に問題はないとされ、2008年12月18日、本人の望む死刑判決が下された。

弁護人は即日控訴したが、すぐに本人によって取り下げられ、そのまま死刑が確定している。確定直前、新聞記者との面会に応じた金川は笑みを浮かべながらこう語ったという。

「完全勝利といったところでしょうか。死刑願望が変わることはない」

「ゲーム以外、この世に興味はない」

「天国で会いましょう」

死刑確定後は再審請求もせず、外部との交流もなかった。「死刑廃止国際条約の批准を求めるフォーラム90」のアンケートにも応じているが、そこにあったのは次のような言葉だった。

「生きていることは、時間のムダ、税金のムダ。死刑執行は6カ月以内。守られていない」

被害者への謝罪もなく、自分の起こした事件と向き合うことも拒否する絶望的な状況のなか、金川は確定から約3年後の2013年2月21日、確定の順番からすれば異例の早さで執行された。たった29年の人生だった。

自ら死を望み、そのために死刑制度を「利用」する——完璧にその目的を果たした金川の死は、社会にどのような教訓を残したのか。答えはまだ見つかっていない。

金川真大の言葉

「俺を殺さなければ、死刑になるまで殺し続けます」

File 43

秋葉原無差別殺傷事件(2008年)

加藤智大

死刑確定 2015年2月2日
死刑執行 未執行

爆発した「不遇」への苛立ち

投げやりな自殺願望による無差別テロに走りながら、その後、生への執着を見せる死刑囚もいる。2008年、東京・秋葉原の歩行者天国に突入し、7人を殺害した加藤智大も、そんな死刑囚と言えるのかもしれない。

静岡県の自動車メーカー工場で働く派遣社員だった加藤智大（25歳）は、いつ切られるか分からない不安定な労働環境と、社会からの孤立感に悩まされていた。その鬱積した感情は、2008年6月5日、勤務先で作業服のつなぎがロッカーになかったことで「暴発」する。自身の唯一のよりどころだったネットの掲示板が、なりすましに荒らされたことも、加藤にとってはどうしても許せないできごとだった。

加藤はその日、無断で退社すると、翌日にサバイバルナイフなどの刃物を購入。6月8日、2トントラックを借りると静岡県から東京の秋葉原へ向かった。参考にしたのは3カ月前に土浦で起きた金川真大による無差別テロだった。

加藤は、東京に向かいながら何度も携帯サイトに「犯行予告」を書き込み、その反応を気にしていた。

「秋葉原で人を殺します」

「車でつっこんで、車が使えなくなったらナイフを使います。みんなさようなら」

まさか数時間後、それが本当に再現されることになると信じた人間はいなかった。

昼の12時30分、秋葉原に到着した加藤は、信号を無視して歩行者に2トントラックで突っ込んだ。この一撃で3人が死亡している。

トラックがタクシーと衝突して止まると、加

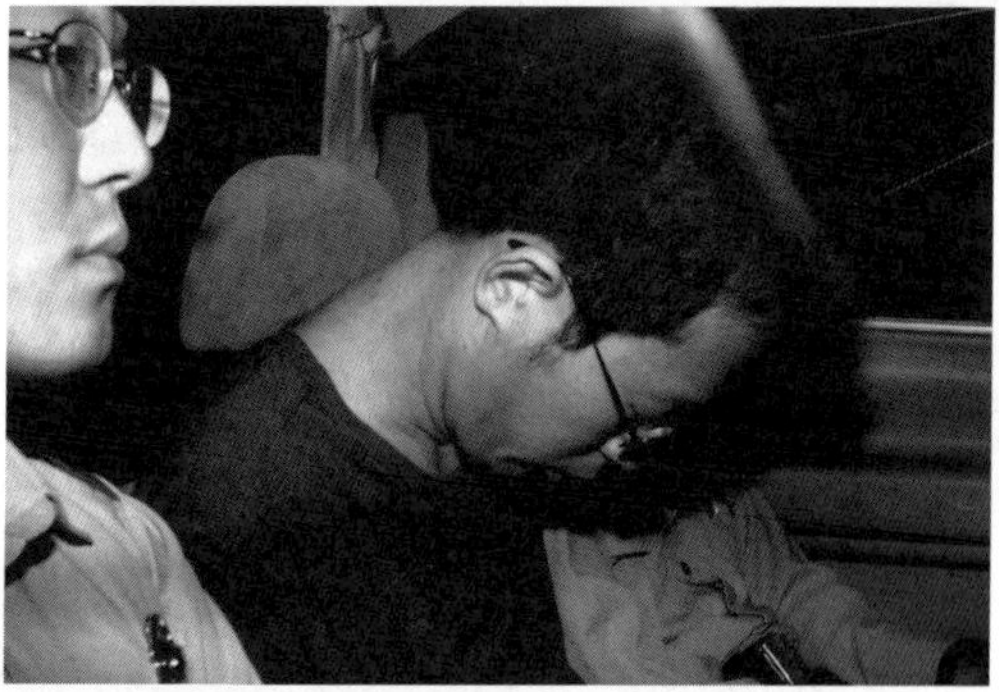

社会に衝撃を与えた「秋葉原事件」。
加藤智大の弟は自殺している

藤は用意していたダガーナイフを持ち出し、手当たり次第に歩行者を刺し、切りつけた。当初は交通事故が起きたと思っていた群集も、加藤の凶行を前に大混乱に陥り、日曜の歩行者天国は地獄絵図と化した。

駆けつけた警察官が拳銃を加藤に向けながら追い詰め、血だらけになった加藤はついに確保された。時間にしてわずか10分ほどの通り魔事件だった。

精神鑑定と死刑判決の確定

死者7名、重軽傷者10名。不可解な動機と、あまりに重い結果は、日本中を震え上がらせた。加藤は真っ先に精神鑑定にかけられたが、責任能力に支障はないと判断され、2008年10月に起訴されている。犯行は計画的で、死者を増やすための立ち回りは極めて理にかなったものだった。

加藤は初公判を前に被害者へ謝罪の手紙を送り、また公判では「取り返しのつかないことをしてしまった」と謝罪の言葉を口にした。しかし、土浦事件の金川真大のように「死刑になりたい」という目的ではなく「掲示板を荒らされた。事件を起こさなければ居場所がなくなると思った」と、理解しにくい動機の説明に終始した。

7名の死者を出した事件ゆえ、死刑判決は当然だった。加藤は公判中から何冊かの手記を出版したが、「死刑を受け入れる」と語る一方で、原稿には一切手を入れないでほしいという注文をつけたという。書かれた内容は意味の通らないものが多かったため、反響もほとんどなかった。

再審請求中の加藤はまだ生きているが、加藤の弟は2014年に自殺している。死の1週間前、弟はこんな言葉を残していた。

「あれから6年近くの月日が経ち、自分はやっぱり犯人の弟なんだと思い知りました。加害者の家族というのは、幸せになっちゃいけないんです。それが現実。僕は生きることを諦めようと決めました。死ぬ理由に勝る、生きる理由がないんです。どう考えても浮かばない。何かありますか。あるなら教えてください」

加藤智大の言葉

「また長い1日が始まる。ただただ苦痛なだけ。まだ始まってないけど、終わりていいや」

File 44

木嶋佳苗（土井に改姓）

首都圏連続不審死事件（2008〜09年）

死刑確定 2017年4月14日
死刑執行 未執行

週刊誌編集者と3度目の獄中結婚

2008年から翌年にかけ、インターネットの婚活サイトを利用しながら20人以上の独身男性に結婚を持ちかけ接近。金銭を騙し取る過程で、少なくとも3人を殺害していた事件。2017年に死刑が確定した木嶋佳苗は、獄中で何度も結婚と離婚を繰り返し、近年は事件報道でも知られる『週刊新潮』の編集部員と結婚していたことが報じられ、世間を驚かせた。

木嶋が殺害したと認定されたのは3人だが、ほかにも木嶋と接点のあった数人の男性が不審死しており、いまなおその死の真相は解明されていない。これだけの疑惑がありながら、世間からは「憎悪」よりも、誘蛾灯のように男を引き寄せ続けるその魔力に関心が集まるという、摩訶不思議な死刑囚である。

木嶋は1974年、北海道の別海町で生まれた。父は行政書士で、しつけは厳しかったと伝えられる。木嶋は地元の高校を卒業後、上京し東洋大学に進学するが、学費未納ですぐに中退。その後、デートクラブに勤務したり、資産家と愛人契約を結ぶ。28歳のときにはネットオークションの詐欺で逮捕されるなど、当時から「ネットで男を騙す」手口を磨いていた。

早期執行を受け入れると宣言した木嶋佳苗

少女時代から早熟だったという証言も伝えられる。体系は肥満型、決して美人とは言えない風貌だが、逆に「なぜ男は騙されるのか」という疑問を抱かずにはいられない。

2007年以降、木嶋の周辺で次々と男性が消える。まず2007年、千葉県松戸市の男性（70歳）が自宅の風呂場で急死。男性は7000万円以上を木嶋に貢いでいた。さらに青梅市の会社員（53歳）、千葉県野田市の男性（80歳）、千代田区の男性（41歳）が一酸化中毒死した。3人には生前、木嶋に送金するか、死の直後に木嶋によって現金が引き出されるという共通点があった。

41歳男性の死に不審な点があったことから捜査が始まり、木嶋は2009年9月25日に逮捕された。その後、多数の詐欺容疑や3人に対する殺人容疑で再逮捕された木嶋は起訴され、マスコミは「魔性の婚活詐欺女」「疑惑の毒婦」と大きく書きたてた。

獄中で小説を書き出版

裁判で明らかにされたのは、木嶋のウソで塗り固められたセレブなプロフィールだった。「父は東大教授」「職業はピアノ講師」あるいは「フードコーディネーター」などと語り、多数の男たちを同時に騙しながら、本人は西池袋の高級マンションに住み、高級外車を乗り回していたという。

2012年4月13日、1審で死刑判決。裁判員裁判として女性の被告に対する初の死刑判決となった。木嶋は控訴、上告したがちょうど5年後の2017年4月14日、木嶋の死刑が確定した。

公判中から、木嶋はまったく悪びれることなくブログを開始。拘置所の中で書いた直筆原稿の画像をアップしたが、その字は練炭で男を殺し続けた女とは思えぬ達筆で、一切の謝罪、反省を拒否し死刑を受け入れた女の「凄み」を感じさせるには十分だった。さらには小説まで出版している。

木嶋は死刑確定前に週刊誌に長文の手記を寄せ、実の父が母に心を蝕まれた結果、還暦で自死したと説明。母を批判しつつ、死を受け入れる決意を次のように表明している。

「生みの母が私の生命を否定している以上、確定後に私は法相に対し、早期執行の請願をします。これこそ『ある決意』に他なりません。通常、全面否認事件での女子の執行は優先順位が極めて低いものですが、本人からの請願は何よりも強い〝キラーカード〟になる。まったくもって自殺願望ではなく、生きてゆく自信がない、それだけです」

堂々と死ぬ――これが稀代の悪女のプライドなのだろうか。

木嶋佳苗の言葉

「(再審請求者の)多くは、再審請求中は執行を回避できると信じて形だけの請求を続けている人だと断じてもよいでしょう」

確定死刑囚リスト

（2020年12月時点での未執行者および新たな確定者。氏名は犯行時）

氏名	事件名（発生年）	拘置先	死刑確定日	死刑執行日
尾田 信夫	マルヨ無線強盗放火殺人事件（1966年）	福岡	1970・11・12	未執行（74歳）
奥西 勝	名張毒ぶどう酒事件（1961年）	八王子医療	1970・6・15	2015・10・4 病死（89歳）
富山 常喜	波崎事件（1963年）	東京	1976・4・1	2003・9・3 病死（86歳）
大浜 松三	ピアノ騒音殺人事件（1974年）	東京	1977・4・16	未執行（92歳）
近藤 清吉	山林売買強殺事件等（1970－71年）	仙台	1980・4・25	1993・3・26 執行（55歳）
袴田 巌	袴田事件（1966年）	（執行停止中）	1980・11・19	執行停止（84歳）
小島 忠夫	釧路薬局一家殺人事件（1974年）	札幌	1981・3・19	1993・11・26 執行（61歳）

年齢は新聞記事などによる推測値（2020年12月時点での満年齢）。

小野　照男	長崎雨宿り殺人事件（1977年）	福岡	1981・6・16	1999・12・17 執行（62歳）
立川　修二郎	保険金目当実母殺人事件等（1971－72年）	大阪	1981・6・26	1993・3・26 執行（62歳）
関　幸生	世田谷老女強殺事件（1977年）	東京	1982・9・1	1993・11・26 執行（47歳）
藤岡　英次	徳島2老人殺人事件（1978年）	大阪	1983・5・2	1995・5・26 執行（40歳）
出口　秀夫	大阪電解事件（1974年）	大阪	1984・4・27	1993・11・26 執行（70歳）
坂口　徹				1993・11・26 執行（56歳）
川中　鉄夫	広域連続殺人事件（1975－77年）	大阪	1984・9・13	1993・3・26 執行（48歳）
小山　幸雄	群馬3女性殺人事件（1977年）	東京	1985・4・26	1994・12・1 執行（44歳）

氏名	事件名（発生年）	拘置先	死刑確定日	死刑執行日
佐々木 和三	青森旅館他殺人事件（1984年）	仙台	1985・7・2	1994・12・1 執行（65歳）
須田 房雄	裕士ちゃん誘拐殺人事件（1986年）	東京	1987・1・19	1995・5・26 執行（53歳）
大道寺 将司	連続企業爆破事件（1971－75年）	東京	1987・3・24	2017・5・24 病死（68歳）
片岡 利明				未執行（72歳）
井田 正道	名古屋連続保険金殺人事件（1979－83年）	名古屋	1987・3・31	1998・11・19 執行（56歳）
木村 修治	女子大生誘拐殺人事件（1980年）	名古屋	1987・7・9	1995・12・21 執行（45歳）
秋山 芳光	秋山兄弟事件（1975年）	東京	1987・7・17	2006・12・25 執行（77歳）

小宅　重穂	東村山署警察官殺人事件（1976年）	東京	1987・10・23	1995・5・26執行（70歳）
平田　直人	女子中学生誘拐殺人事件他（1979年）	福岡	1987・12・18	1995・12・21執行（63歳）
浜田　武重	3連続保険金殺人事件（1978－79年）	福岡	1988・3・8	2017・6・26病死（90歳）
杉本　嘉昭	北九州病院長バラバラ殺人事件（1979年）	福岡	1988・4・15	1996・7・11執行（49歳）
横山　一美				1996・7・11執行（43歳）
綿引　誠	日立女子中学生誘拐殺人事件（1978年）	東京	1988・4・28	2013・6・23病死（74歳）
篠原　徳次郎	群馬2女性殺人事件（1981－82年）	東京	1988・5・20	1995・12・21執行（68歳）
渡辺　清	連続4人殺人事件（1967－73年）	大阪	1988・6・2	未執行（72歳）

氏名	事件名（発生年）	拘置先	死刑確定日	死刑執行日
石田　三樹男	神田ビル放火殺人事件（1981年）	東京	1988・7・1	1996・7・11 執行（48歳）
日高　安政	夕張保険金放火殺人事件（1984年）	札幌	1988・10・13	1997・8・1 執行（54歳）
日高　信子			1988・10・11	1997・8・1 執行（51歳）
平田　光成	銀座ママ殺人事件他（1978年）	東京	1988・10・17	1996・12・20 執行（60歳）
今井　義人	一家殺人事件（1983年）	東京	1988・10・24	1996・12・20 執行（55歳）
西尾　立昭	日建土木事件（1977年）	名古屋	1989・3・28	1998・11・19 執行（61歳）
石田　富蔵	2女性殺人事件（1973－74年）	東京	1989・6・13	2014・4・19日 病死（92歳）

関口 政安	「殺し屋」連続殺人事件（1970－73年）	東京	1989・10・13	未執行（78歳）
神田 英樹	父親等3人殺人事件（1985年）	東京	1989・11・20	1997・8・1 執行（43歳）
田村 正	伊勢崎2女子中学生殺人事件等（1976年）	東京	1989・12・8	2013・11・15 病死（62歳）
野口 悟	銀座ママ殺人事件他（1978年）	東京	1990・2・1	1996・12・20 執行（50歳）
金川 一	熊本・免田町主婦殺人事件（1979年）	福岡	1990・4・3	未執行（70歳）
永山 則夫	警察庁広域重要指定108号事件（少年連続射殺事件）（1968年）	東京	1990・4・17	1997・8・1 執行（48歳）
村竹 正博	長崎3人殺人事件（1978年）	福岡	1990・4・27	1998・6・25 執行（54歳）

氏名	事件名（発生年）	拘置先	死刑確定日	死刑執行日
晴山 広元	空知2女性殺人事件等（1972－74年）	札幌	1990・9・13	2004・6・4 病死（70歳）
荒井 政男	三崎事件（1971年）	東京	1990・10・16	2009・9・3 病死（82歳）
武安 幸久	直方強盗女性殺人事件（1980年）	福岡	1990・12・14	1998・6・25 執行（66歳）
諸橋 昭江	夫殺人事件他（1974－78年）	東京	1991・1・31	2007・7・17 病死（75歳）
古矢 新治	パチンコ景品商殺人事件（1983年）	東京	1991・2・5	1998・6・25 執行（66歳）
津田 暎	学童誘拐殺人事件（1984年）	広島	1991・6・11	1998・11・19 執行（59歳）
佐川 和男	大宮母子殺人事件（1981年）	東京	1991・11・29	1999・12・17 執行（48歳）

佐々木　哲也	市原両親殺人事件（1974年）	東京	1992・1・30	未執行（68歳）
佐藤　真志	幼女殺人事件（1979年）	東京	1992・2・18	1999・9・10 執行（62歳）
高田　勝利	飲食店女性経営者殺人事件（1990年）	仙台	1992・6・18	1999・9・10 執行（61歳）
森川　哲行	熊本母娘殺人事件（1985年）	福岡	1992・9・24	1999・9・10 執行（69歳）
名田　幸作	赤穂同僚妻子殺人事件（1983年）	大阪	1992・9・29	2007・4・27 執行（56歳）
坂口　弘	連合赤軍事件（1971－72年）	東京	1993・2・19	未執行（74歳）
永田　洋子	連合赤軍事件（1971－72年）	東京	1993・2・19	2011・2・6 病死（65歳）
澤地　和夫	山中湖連続殺人事件（1984年）	東京	1993・7・7	2008・12・16 病死（69歳）

氏名	事件名（発生年）	拘置先	死刑確定日	死刑執行日
藤波 芳夫	覚醒剤殺人事件（1981年）	東京	1993・9・9	2006・12・25執行（75歳）
竹内 敏彦	名古屋連続保険金殺人事件（1979－83年）	名古屋	1993・9・21	2001・12・27執行（51歳）
牧野 正	北九州母娘殺傷事件（1990年）	福岡	1993・11・16	2009・1・29執行（58歳）
太田 勝憲	平取猟銃一家殺人事件（1979年）	札幌	1993・12・10	1999・11・8自殺（55歳）
藤原 清孝	警察庁広域重要指定113号事件（1972－82年）	名古屋	1994・1・17	2000・11・30執行（52歳）
宮脇 喬	先妻家族3人殺人事件（1989年）	名古屋	1994・3・7	2000・11・30執行（57歳）
大森 勝久	北海道庁爆破事件（1976年）	札幌	1994・7・15	未執行（71歳）

大石　国勝	隣家親子3人殺人事件（1983年）	福岡	1995・4・21	2000・11・30執行（55歳）
藤島　光雄	2連続殺人事件（1986年）	東京	1995・6・8	2013・12・12執行（55歳）
猪熊　武夫	山中湖連続殺人事件（1984年）	東京	1995・7・3	未執行（71歳）
池本　登	猟銃近隣3人殺人事件（1985年）	大阪	1996・3・4	2007・12・7執行（74歳）
山野　静二郎	不動産会社連続殺人事件（1982年）	大阪	1996・10・25	未執行（82歳）
朝倉　幸治郎	練馬一家5人殺人事件（1983年）	東京	1996・11・14	2001・12・27執行（66歳）
前原　仲二	母子等3人殺人事件（1985年）	大阪	1996・12・17	2003・9・12執行（42歳）
中元　勝義	宝石商殺人事件（1982年）	大阪	1997・1・28	2008・4・10執行（64歳）

氏名	事件名(発生年)	拘置先	死刑確定日	死刑執行日
松原　正彦	2主婦連続強盗殺人事件(1988年)	大阪	1997・4・28	2008・2・1 執行(63歳)
秋好　英明	内妻一家4人殺人事件(1976年)	福岡	1997・9・11	未執行(78歳)
広田　雅晴	警察庁広域重要指定115号事件(1984年)	大阪	1997・12・19	未執行(77歳)
田本　竜也	大学生誘拐殺人事件(1987年)	福岡	1998・4・23	2002・9・18 執行(36歳)
浜田　美輝	岐阜一家3人殺人事件(1994年)	名古屋	1998・6・3	2002・9・18 執行(51歳)
宮崎　知子	富山・長野2女性誘拐殺人事件(警察庁広域重要指定111号事件)(1980年)	名古屋	1998・9・4	未執行(74歳)

柴嵜　正一	中村橋派出所2警官殺人事件（1989年）	東京	1998・9・17	未執行（51歳）
村松　誠一郎	宮代事件等（1980年）	東京	1998・10・8	未執行（64歳）
松本　美佐雄	妙義山麓連続殺人事件（1990－91年）	東京	1998・12・1	未執行（55歳）
高田　和三郎	友人3人殺人事件（1972－74年）	東京	1999・2・25	2020・10・17 病死（88歳）
嶋崎　末男	熊本・菊地町保険金殺人事件他（1988年）	福岡	1999・3・9	2004・9・14 執行（59歳）
福岡　道雄	高知・偽装トリプル殺人事件（1978－81年）	大阪	1999・6・25	2006・12・25 執行（64歳）
松井　喜代司	安中親子3人殺人事件（1994年）	東京	1999・9・13	2017・12・19 執行（69歳）
北川　晋	千葉・高知連続殺人事件（1983－89年）	大阪	2000・2・4	2005・9・16 執行（58歳）

氏名	事件名（発生年）	拘置先	死刑確定日	死刑執行日
日高　広明	広島女性4人連続殺人事件（1996年）	広島	2000・2・9	2006・12・25執行（44歳）
小田　義勝	福岡・赤池町保険金殺人事件（1990年）	福岡	2000・3・30	2007・4・27執行（59歳）
松本　健次	京都・滋賀連続強盗殺人事件（1990－91年）	大阪	2000・4・4	未執行（69歳）
宮下　政弘	東京、神奈川、香川、徳島4都県殺人事件（1984－91年）	東京	2000・9・8	2007・4・27執行（42歳）
竹澤　一二三	今市連続殺人事件（1990－93年）	東京	2000・12・20	2007・8・23執行（69歳）
瀬川　光三	富山社長夫婦殺人事件（1991年）	名古屋	2001・1・30	2007・8・23執行（60歳）
岩本　義雄	東京連続強盗殺人事件（1996－99年）	東京	2001・2・1	2007・8・23執行（63歳）

上田 大	愛知連続殺人事件（1993年）	名古屋	2001・9・20	2003・2・28 病死（33歳）
関 光彦	市川一家四人殺害事件（1992年）	東京	2001・12・3	2017・12・19 執行（44歳）
萬谷 義幸	地下鉄短大生殺人事件（1988年）	大阪	2001・12・6	2008・9・11 執行（68歳）
陳 代偉	多摩市パチンコ店強盗殺人事件（1992年）	東京	2002・6・11	未執行（59歳）
何 力				未執行（56歳）
横田 謙二	川口バラバラ殺人事件（1999年）	東京	2002・10・24	未執行（71歳）
府川 博樹	江戸川老母子強盗殺人事件（1999年）	東京	2003・1・5	2007・12・7 執行（42歳）
宅間 守	大阪小学校児童殺傷事件（2001年）	大阪	2003・9・26	2004・9・14 執行（40歳）

氏名	事件名(発生年)	拘置先	死刑確定日	死刑執行日
黄 奕善	警察庁広域重要指定121号事件(1993年)	東京	2004・4・19	未執行(51歳)
石橋 栄治	神奈川2件強盗殺人事件(1988－89年)	東京	2004・4・27	2009・10・27 病死(72歳)
藤間 静波	警察庁広域重要指定112号事件(1981－82年)	東京	2004・6・15	2007・12・7 執行(47歳)
岡崎 茂男	警察庁広域重要指定118号事件(1986－91年)	東京	2004・6・25	2014・6・26 病死(60歳)
熊谷 昭孝		仙台		2011・1・29 病死(67歳)
迫 康裕		仙台		2013・8・15 病死(73歳)
名古 圭志	徳之島兄家族殺傷事件(2002年)	福岡	2004・8・26	2008・2・1 執行(37歳)

中村　正春	元同僚殺害事件他（1989年）	大阪	2004・9・9	2008・4・10 執行（61歳）
河村　啓三	コスモ・リサーチ事件（1988年）	大阪	2004・9・13	2018・12・27 執行（60歳）
末森　博也				2018・12・27 執行（67歳）
持田　孝	逆恨み殺人事件（1997年）	東京	2004・10・13	2008・2・1 執行（65歳）
坂本　正人	群馬県大胡町女子高生誘拐殺人事件（2002年）	東京	2004・10・29	2008・4・10 執行（41歳）
坂本　春野	高知連続保険金殺人事件（1987－92年）	大阪	2004・11・19	2011・1・27 病死（83歳）
倉吉　政隆	福岡連続強盗殺人事件（1995－96年）	福岡	2004・12・2	未執行（69歳）
森本　信之	フィリピン人2女性殺人事件（1998年）	名古屋	2004・12・14	未執行（67歳）

氏名	事件名（発生年）	拘置先	死刑確定日	死刑執行日
山崎 義雄	2件保険金殺人事件（1985－90年）	大阪	2005・1・25	2008・6・17 執行（73歳）
間中 博巳	同級生連続殺人事件（1989年）	東京	2005・1・27	未執行（52歳）
岡下 香	資産家老女ら2人殺人事件（1989年）	東京	2005・3・3	2008・4・10 執行（61歳）
岡崎 一明	男性信者殺害事件／坂本弁護士一家殺人事件（1989年）	名古屋	2005・4・7	2018・7・26 執行（57歳）
西川 正勝	警察庁広域重要指定119号事件（1991－92年）	大阪	2005・6・7	2017・7・13 執行（61歳）
鎌田 安利	警察庁指定122号事件（1985－94年）	大阪	2005・7・8	2016・3・25 執行（75歳）
高根沢 智明	群馬パチンコ店員連続強盗殺人事件（2003年）	東京	2005・7・13	未執行（53歳）

下山信一	警察庁広域重要指定121号事件（1993年）	東京	2005・9・16	未執行（59歳）
堀江守男	仙台老夫婦強盗殺人事件（1986年）	仙台	2005・9・26	未執行（69歳）
陸田真志	SMクラブ連続殺人事件（1995年）	東京	2005・10・17	2008・6・17執行（37歳）
上田宜範	警察庁広域重要指定120号事件（大阪愛犬家連続殺人事件）（1992－93年）	大阪	2005・12・15	未執行（66歳）
宮崎勤	警察庁指定117号事件（1988－89年）	東京	2006・1・17	2008・6・17執行（45歳）
久堀毅彦	右翼幹部ら2人殺人事件（1992－94年）	大阪	2006・2・14	未執行（57歳）
山口益生	古美術商ら2人殺人事件（1994－95年）	名古屋	2006・2・24	未執行（70歳）

氏名	事件名(発生年)	拘置先	死刑確定日	死刑執行日
豊田 義己	静岡、愛知2女性殺害事件(1996－97年)	名古屋	2006・3・2	未執行(76歳)
松本 智津夫	坂本弁護士一家殺人事件、松本サリン事件、地下鉄サリン事件他(1989－95年)	東京	2006・3・27	2018・7・6 執行(63歳)
山本 峰照	神戸市夫婦強殺事件(2005年)	大阪	2006・3・27	2008・9・11 執行(68歳)
高橋 和利	鶴見事件(1988年)	東京	2006・3・28	未執行(86歳)
野村 哲也	ドラム缶女性焼殺事件(2000年)	名古屋	2006・6・9	2009・1・29 執行(39歳)
川村 幸也	ドラム缶女性焼殺事件(2000年)	名古屋	2006・6・9	2009・1・29 執行(44歳)

中山 進	豊中2人殺人事件（1992年）	大阪	2006・6・13	2014・5・15 病死（66歳）
陳 徳通	川崎中国人6人殺傷事件（1999年）	東京	2006・6・27	2009・7・28 執行（41歳）
平野 勇	牧場夫婦殺人放火事件（1994年）	東京	2006・9・1	2008・9・11 執行（61歳）
江東 恒	堺夫婦殺人事件（1997年）	大阪	2006・9・7	未執行（78歳）
久間 三千年	飯塚事件（1992年）	福岡	2006・9・8	2008・10・28 執行（70歳）
石川 恵子	宮崎2女性殺人事件（1996－97年）	福岡	2006・9・21	未執行（63歳）
小林 薫	奈良市女児誘拐殺人事件（2004年）	大阪	2006・9・26	2013・2・21 執行（44歳）
長 勝久	栃木・妻と知人殺人事件（1988－89年）	東京	2006・10・12	未執行（53歳）

氏名	事件名（発生年）	拘置先	死刑確定日	死刑執行日
高橋　義博	医師ら生き埋め殺人事件（1992年）	東京	2006・10・26	未執行（70歳）
朴　日光	名古屋福岡連続殺人事件（1995年）	福岡	2006・11・24	2009・1・4　病死（62歳）
高塩　正裕	いわき市母娘強盗殺人事件（2004年）	仙台	2006・12・20	2008・10・28　執行（55歳）
西本　正二郎	長野・愛知連続4人強盗殺人事件（2004年）	東京	2007・1・11	2009・1・29　執行（32歳）
松本　和弘	マニラ連続保険金殺人事件（1994－95年）	名古屋	2007・1・30	未執行（66歳）
松本　昭弘	マニラ連続保険金殺人事件他（1994－96年）			2016・1・22　病死（61歳）
下浦　栄一		大阪		未執行（49歳）

松田　康敏	宮崎連続強盗殺人事件（2001年）	福岡	2007・2・6	2012・3・29 執行（44歳）
篠沢　一男	宇都宮宝石店放火殺人事件（2000年）	東京	2007・2・20	2010・7・28 執行（59歳）
武藤　恵喜	名古屋市スナック経営者強殺事件（2002年）	名古屋	2007・3・22	2013・2・21 執行（62歳）
小林　光弘	弘前武富士放火殺人事件（2001年）	仙台	2007・3・27	2014・8・29 執行（56歳）
西山　省三	福山市強盗殺人事件（1992年）	広島	2007・4・10	未執行（67歳）
造田　博	池袋通り魔殺人事件（1999年）	東京	2007・4・19	未執行（45歳）
山地　悠紀夫	大阪市姉妹強盗殺人事件（2005年）	大阪	2007・5・31	2009・7・28 執行（25歳）
中原　澄男	太州会内部抗争連続殺人事件（1997年）	福岡	2007・6・12	未執行（73歳）

氏名	事件名（発生年）	拘置先	死刑確定日	死刑執行日
薛 松	春日部中国人夫婦殺害事件（2000年）	東京	2007・6・19	未執行（47歳）
前上 博	自殺サイト利用3人連続殺人事件（2005年）	大阪	2007・7・5	2009・7・28 執行（40歳）
浜川 邦彦	三重連続射殺事件（1994年）	名古屋	2007・7・5	未執行（60歳）
尾形 英紀	熊谷男女4人拉致殺傷事件（2003年）	東京	2007・7・18	2010・7・28 執行（33歳）
横山 真人	地下鉄サリン事件（1995年）	名古屋	2007・7・20	2018・7・26 執行（54歳）
後藤 良次	宇都宮監禁殺人事件他（2000年）	東京	2007・9・28	未執行（62歳）
端本 悟	坂本弁護士一家殺人事件／松本サリン事件（1989－94年）	東京	2007・10・26	2018・7・26 執行（51歳）

小田島 鐵男	警察庁指定124号事件（2005年）	東京	2007・11・1	2017・9・16 病死（74歳）
庄子 幸一	大和連続主婦強盗殺人事件（2001年）	東京	2007・11・6	2019・8・2 執行（64歳）
古沢 友幸	元妻の家族3人殺人事件（2002年）	東京	2007・11・15	2012・3・29 執行（46歳）
宇井 鋑次	岡山女性殺人事件（2001年）	大阪医療	2007・11・30	2008・2・7 病死（68歳）
外尾 計夫	父子連続保険金殺人事件（1992－98年）	福岡	2008・1・31	未執行（73歳）
林 泰男	地下鉄サリン事件他（1995年）	仙台	2008・2・15	2018・7・26 執行（60歳）
服部 純也	三島女子短大生焼殺事件（2002年）	東京	2008・2・29	2012・8・3 執行（40歳）
長谷川 静央	宇都宮実弟殺人事件（2005年）	東京	2008・3・19	未執行（78歳）

氏名	事件名（発生年）	拘置先	死刑確定日	死刑執行日
松村　恭造	京都・神奈川親族連続強殺事件（2007年）	大阪	2008・4・8	2012・8・3 執行（31歳）
山本　開一	入間市暴力団組員5人射殺事件（2003年）	東京	2008・4・24	2010・1・2 病死（62歳）
加賀　聖商	伊勢原市同居母娘強殺事件（2001年）	東京	2008・6・5	未執行（59歳）
上部　康明	下関駅通り魔事件（1999年）	広島	2008・7・11	2012・3・29 執行（48歳）
八木　茂	本庄保険金殺人事件（1995－99年）	東京	2008・7・17	未執行（70歳）
江藤　幸子	須賀川祈祷による信者殺人事件（1995年）	仙台	2008・9・16	2012・9・27 執行（65歳）
伊藤　稔	高岡市組長夫婦射殺事件（2000年）	名古屋	2009・1・22	2009・5・2 病死（56歳）

太田　賢治	高岡市組長夫婦射殺事件（2000年）	名古屋	2009・3・23	2014・7・16 病死（67歳）
松田　幸則	熊本県松橋町男女強盗殺人事件（2003年）	福岡	2009・4・3	2012・9・27 執行（39歳）
神田　司	名古屋闇サイト殺人事件（2007年）	名古屋	2009・4・13	2015・6・25 執行（44歳）
林　眞須美	和歌山毒物カレー事件（1998年）	大阪	2009・4・21	未執行（59歳）
関根　元	埼玉愛犬家連続殺人事件（1993年）	東京	2009・6・5	2017・3・27 病死（75歳）
風間　博子				未執行（63歳）
小野川　光紀	群馬県パチンコ店員連続強盗殺人事件（2003年）	東京	2009・6・9	未執行（43歳）
宮城　吉英	市原市ファミレス内組員2人射殺事件（2005年）	東京	2009・6・15	2013・4・26 執行（56歳）

氏名	事件名（発生年）	拘置先	死刑確定日	死刑執行日
石川 秀	仙台市暴力団幹部による強盗殺人事件他（2001年）	仙台	2009・6・23	未執行（57歳）
小日向 将人	前橋スナック乱射事件（2003年）	東京	2009・7・10	未執行（51歳）
早川 紀代秀	男性信者殺害事件／坂本弁護士一家殺人事件他（1989－95年）	福岡	2009・7・17	2018・7・6執行（68歳）
豊田 亨	地下鉄サリン事件他（1995年）	東京	2009・11・6	2018・7・26執行（50歳）
広瀬 健一				2018・7・26執行（54歳）
窪田 勇次	北見市資産家夫婦殺人事件（1988年）	札幌	2009・12・4	未執行（75歳）
井上 嘉浩	元信者殺害事件／地下鉄サリン事件他（1994－95年）	大阪	2009・12・10	2018・7・6執行（48歳）

菅　峰夫	架空建設計画取引による連続殺人事件（1996年）	福岡	2009・12・11	未執行（70歳）
手柴　勝敏				2010・4・14 病死（66歳）
金川　真大	土浦連続殺傷事件（2008年）	東京	2010・1・5	2013・2・21 執行（29歳）
新實　智光	坂本弁護士一家殺人事件、松本サリン事件、地下鉄サリン事件他（1989－95年）	大阪	2010・1・19	2018・7・6 執行（54歳）
大橋　健治	大阪・岐阜連続女性強盗殺人事件（2005年）	大阪	2010・1・29	未執行（80歳）
吉田　純子	看護師連続保険金殺人事件（1997－01年）	福岡	2010・3・18	2016・3・25 執行（56歳）
高尾　康司	館山市一家4人放火殺人事件他（2003年）	東京	2010・9・16	未執行（57歳）

氏名	事件名(発生年)	拘置先	死刑確定日	死刑執行日
藤崎 宗司	鉾田町独居高齢者連続強盗殺人事件(2005年)	東京	2010・10・14	未執行(59歳)
竹本 正芳	大分替え玉保険金殺人事件他(2002年)	福岡	2010・11・8	未執行(46歳)
竹本 正志				未執行(63歳)
土谷 正実	弁護士サリン襲撃事件、松本サリン事件、地下鉄サリン事件他(1994－95年)	東京	2011・2・15	2018・7・6執行(53歳)
熊谷 徳久	横浜中華街店主銃殺事件他(2004年)	東京	2011・3・1	2013・9・12執行(73歳)
鈴木 泰徳	福岡3女性連続強盗殺人事件(2004－05年)	福岡	2011・3・8	2019・8・2執行(50歳)

小林 正人	少年による連続リンチ殺人事件（1994年）	東京	2011・3・10	未執行（45歳）
小森 淳		名古屋		未執行（45歳）
河渕 匡由				未執行（45歳）
片岡 清	広島・岡山独居老人強盗殺人事件（2003－04年）	広島	2011・3・24	2016・2・14 病死（84歳）
小林 竜司	東大阪大生リンチ殺人事件（2006年）	大阪	2011・3・25	未執行（36歳）
滝 修	同僚・妻連続殺人事件（2004－05年）	東京	2011・4・11	未執行（51歳）
渕上 幸春	宮崎口封じ連続殺人事件（1999年）	福岡	2011・4・19	未執行（51歳）
大山 清隆	広島連続保険金殺人事件（1998－00年）	広島	2011・6・7	未執行（59歳）

氏名	事件名（発生年）	拘置先	死刑確定日	死刑執行日
池田 容之	横浜沖バラバラ強殺事件他（２００６年）	東京	２０１１・６・16	未執行（42歳）
津田 寿美年	川崎アパート３人殺害事件（２００９年）	東京	２０１１・７・４	２０１５・12・18執行（63歳）
北村 真美	大牟田市４人連続殺害事件（２００４年）	福岡	２０１１・10・３	未執行（61歳）
北村 孝紘				未執行（36歳）
北村 実雄		広島	２０１１・10・17	未執行（76歳）
北村 孝		大阪		未執行（39歳）
魏 巍	中国人留学生による福岡一家４人殺害事件（２００３年）	福岡	２０１１・10・20	２０１９・12・26執行（40歳）

中川　智正	坂本弁護士一家殺人事件、松本サリン事件、地下鉄サリン事件他（1989－95年）	広島	2011・11・18	2018・7・6執行（55歳）
遠藤　誠一	松本サリン事件、地下鉄サリン事件、VX襲撃事件、弁護士サリン襲撃事件他（1994－95年）	東京	2011・11・21	2018・7・6執行（58歳）
守田　克実	警察庁指定124号事件（2005年）	東京	2011・11・22	未執行（70歳）
兼岩　幸男	交際2女性バラバラ殺人事件（1999－03年）	名古屋	2011・11・29	未執行（63歳）
松永　太	小倉監禁連続殺人事件（1996－98年）	福岡	2011・12・12	未執行（59歳）
浜崎　勝次	市原市ファミレス内組員2人射殺事件（2005年）	東京	2011・12・15	2013・4・26執行（64歳）

氏名	事件名（発生年）	拘置先	死刑確定日	死刑執行日
若林 一行	岩手県洋野町母娘強盗殺人事件（2006年）	仙台	2012・1・16	2015・12・18 執行（39歳）
福田 孝行	光市母子殺害事件（1999年）	広島	2012・2・20	未執行（39歳）
岩森 稔	本庄夫婦殺害事件（2007年）	東京	2012・3・2	未執行（75歳）
川崎 政則	坂出祖母孫3人殺人事件（2007年）	大阪	2012・7・12	2014・6・26 執行（68歳）
加賀山 領治	中国人留学生強殺事件／DDハウス事件（2000－08年）	大阪	2012・7・24	2013・12・12 執行（63歳）
田尻 賢一	宇土院長夫人強盗殺人事件／熊本夫婦殺傷事件（2004－11年）	福岡	2012・9・10	2016・11・11 執行（45歳）
謝 依俤	品川製麺所夫婦強殺事件（2002年）	東京	2012・10・19	未執行（43歳）

高見沢 勤	暴力団組長による3人射殺事件（2001－05年）	東京	2012・10・23	2014・8・29 執行（59歳）
阿佐 吉広	都留市従業員連続殺人事件（1997－00年）	東京	2012・12・11	2020・2・11 病死（70歳）
野崎 浩	フィリピン女性2人殺人事件（1999－08年）	東京	2012・12・14	2020・12・13 病死（61歳）
渡辺 純一	架空請求詐欺グループ仲間割れ事件（2004年）	東京	2013・1・29	未執行（44歳）
清水 大志	架空請求詐欺グループ仲間割れ事件（2004年）	東京	2013・1・29	未執行（41歳）
伊藤 玲雄	架空請求詐欺グループ仲間割れ事件（2004年）	東京	2013・2・28	未執行（46歳）
住田 紘一	岡山元同僚女性バラバラ殺人事件（2011年）	広島	2013・3・28	2017・7・13 執行（34歳）
山田 健一郎	前橋スナック乱射事件他（2003年）	東京	2013・6・7	未執行（54歳）

氏名	事件名（発生年）	拘置先	死刑確定日	死刑執行日
高柳　和也	姫路2女性バラバラ殺人事件（2005年）	大阪	2013・11・25	未執行（54歳）
沖倉　和雄	あきる野市資産家姉弟強盗殺人事件（2008年）	東京	2013・12・17	2014・7・2 病死（66歳）
小川　和弘	大阪個室ビデオ店放火事件（2008年）	大阪	2014・3・6	未執行（59歳）
矢野　治	日医大暴力団組長射殺事件、前橋スナック乱射事件他（2002－03年）	東京	2014・3・14	2020・1・26 自殺（71歳）
小泉　毅	元厚生次官宅連続襲撃事件（2008年）	東京	2014・6・13	未執行（58歳）
松原　智浩	長野一家3人強殺事件（2010年）	東京	2014・9・2	未執行（49歳）
奥本　章寛	宮崎家族3人殺害事件（2010年）	福岡	2014・10・16	未執行（32歳）

桑田　一也	交際女性・妻殺人事件（2005－10年）	東京	2014・12・2	未執行（54歳）
加藤　智大	秋葉原無差別殺傷事件（2008年）	東京	2015・2・2	未執行（38歳）
藤城　康孝	加古川7人殺人事件（2004年）	大阪	2015・5・25	未執行（64歳）
新井　竜太	埼玉深谷男女2人殺害事件（2008－09年）	東京	2015・12・4	未執行（51歳）
高見　素直	大阪パチンコ店放火殺人事件（2009年）	大阪	2016・2・23	未執行（52歳）
高橋　明彦	会津美里夫婦強殺事件（2012年）	仙台	2016・3・8	未執行（54歳）
伊藤　和史	長野一家3人強殺事件（2010年）	東京	2016・4・26	未執行（41歳）
浅山　克己	山形・東京連続放火殺人事件（2010－11年）	東京	2016・6・13	未執行（54歳）

氏名	事件名(発生年)	拘置先	死刑確定日	死刑執行日
千葉 祐太郎	石巻3人殺傷事件(2010年)	仙台	2016・6・16	未執行(29歳)
筒井 郷太	長崎ストーカー殺人事件(2011年)	福岡	2016・7・21	未執行(36歳)
木嶋 佳苗	首都圏連続不審死事件(2008－09年)	東京	2017・4・14	未執行(46歳)
上田 美由紀	鳥取連続不審死事件(2009－10年)	広島	2017・7・27	未執行(47歳)
鈴木 勝明	大阪ドラム缶遺体事件(2004年)	大阪	2017・12・8	未執行(53歳)
林 振華	愛知県蟹江町母子殺傷事件(2009年)	名古屋	2018・9・6	未執行(37歳)
渡邉 剛	銀座資産家夫婦強盗殺人事件(2012年)	東京	2018・12・21	未執行(51歳)

西口　宗宏	堺市連続強盗殺人事件（2011年）	大阪	2019・2・12	未執行（59歳）
保見　光成	周南市連続殺人放火事件（2013年）	広島	2019・7・11	未執行（71歳）
堀　慶末	碧南市パチンコ店店長夫妻殺害事件（1998年）	名古屋	2019・7・19	未執行（45歳）
植松　聖	相模原障害者施設殺傷事件（2016年）	東京	2020・3・31	未執行（30歳）
土屋和也	前橋市連続強盗殺傷事件（2014年）	東京	2020・9・8	未執行（31歳）
山田　浩二	寝屋川中一男女殺害事件（2015年）	大阪	2020・11・26	未執行（50歳）

宝島SUGOI文庫

死刑囚200人　最後の言葉

(しけいしゅうにひゃくにん　さいごのことば)

2021年2月18日 第1刷発行
2023年6月20日 第3刷発行

編　者　別冊宝島編集部

発行人　蓮見清一
発行所　株式会社 宝島社
〒102-8388　東京都千代田区一番町25番地
電話：営業 03(3234)4621／編集 03(3239)0646
https://tkj.jp
印刷・製本　株式会社広済堂ネクスト

First published 2019 by Takarajimasha, Inc.
ISBN 978-4-299-01301-9